GEISTER

UNGLAUBLICHE BILDER AUF DEM PRÜFSTAND

GEISTER

UNGLAUBLICHE BILDER AUF DEM PRÜFSTAND

FOTOGRAFIEN DES ÜBERSINNLICHEN

MELVYN WILLIN

MIT EINEM VORWORT VON DONALD WEST

V. F. SAMMLER

Umschlaggestaltung: Werbeagentur Rypka GmbH, 8143 Dobl/Graz, www.rypka.at

Umschlagfotos Vorderseite: siehe Bildnachweis, Seite 156 / Umschlagfotos Rückseite: siehe Bildnachweis, Seite 156

Titel der Originalausgabe: Dr. Melvyn Willin: Ghosts. Caught on Film. Photographs of the Paranormal. First published 2007 under the Title „Ghosts caught on Film" by David & Charles, Brunel House, Newton Abbot, Devon, TQ12 4 PU,

Aus dem Englischen ins Deutsche übertragen von Silke Lührmann

Bibliographische Information Der Deutschen Bibliothek
Die Deutsche Bibliothek verzeichnet diese Publikation in der Deutschen Nationalbibliographie; detaillierte bibliographische Daten sind im Internet unter http://dnb.ddb.de abrufbar.

Hinweis: Dieses Buch wurde auf chlorfrei gebleichtem Papier gedruckt. Die zum Schutz vor Verschmutzung verwendete Einschweißfolie ist aus Polyethylen chlor- und schwefelfrei hergestellt. Diese umweltfreundliche Folie verhält sich grundwasserneutral, ist voll recyclingfähig und verbrennt in Müllverbrennungsanlagen völlig ungiftig.

Auf Wunsch senden wir Ihnen gerne kostenlos unser Verlagsverzeichnis zu:

Leopold Stocker Verlag GmbH
Hofgasse 5 / Postfach 438
A-8011 Graz
Tel.: +43 (0)316/82 16 36
Fax: +43 (0)316/83 56 12
E-Mail: stocker-verlag@stocker-verlag.com
www.stocker-verlag.com

ISBN: 978-3-85365-243-5

Printed in China

Inhaltsverzeichnis

Vorwort

Melvyn Willin hat eine einzigartige Sammlung von Fotografien anomaler Erscheinungen zusammengetragen. In unserem digitalen Zeitalter fällt es schwer, sich in eine Welt zurückzuversetzen, in der derartige Fotografien noch nicht am Computer erzeugt werden konnten. Einige der in diesem Buch enthaltenen Bilder aber stammen aus einer Ära, in der die technischen Möglichkeiten beschränkt und Fälschungen schnell als solche zu identifizieren waren. Die heimliche Manipulation einer konventionellen Kamera oder auch des Entwicklungsverfahrens hinterließ oft erkennbare Spuren. Die vorliegende Sammlung enthält verschiedene Beispiele dieser Art, die jeweils mit einer Erläuterung der dabei vermutlich verwendeten Methoden versehen sind.

Neben absichtlichen Fälschungen finden sich schlecht belichtete oder unscharfe Formen, die das Auge des Betrachters irrtümlich als Gesichter oder Figuren wahrnimmt. Die Erkennung und Deutung eines Bildes bildet den Endpunkt eines Prozesses der Integration und Interpretation sensorischer Wahrnehmungen durch komplexe neurologische Mechanismen, die sich außerhalb unseres Bewußtseins abspielen. Wo diese Anhaltspunkte unvollständig oder nicht eindeutig sind, füllt unser Gehirn die Lücken, so daß man etwas Vertrautes sieht, das womöglich gar nicht vorhanden ist. Beispiele für diesen Effekt sind hier ebenfalls enthalten, insbesondere unter den unerwarteten Erscheinungen auf Schnappschüssen.

Die brennende Frage ist, ob derartige profane Erklärungen sämtliche Rätsel lösen können. Oder gibt es doch Fälle, in denen die Kamera eine echte Erscheinung dokumentiert hat, die für die Anwesenden nicht sichtbar war? Melvyn ist gänzlich unvoreingenommen. Er überläßt es dem Leser, sich eine eigene Meinung zu bilden, weist jedoch auf besonders erstaunliche Fälle hin, insbesondere auf die Ted-Serios-Bilder, die scheinbar allein durch die Macht des Gedankens auf Film gebannt wurden. Von den „ektoplasmischen" Formen abgesehen, die bei Séancen sichtbar wurden, kommt es sehr selten vor, daß eine Erscheinung sowohl für Augenzeugen als auch für spätere Betrachter auf einer Fotografie zu sehen ist, wie es bei dem Geist von Raynham Hall der Fall ist. Die kontroversen Ermittlungsergebnisse dazu würde man gerne selber nachlesen!

Die Erläuterungen zur Herkunft und zu den Theorien über jedes einzelne Bild sind Ergebnis gründlicher Forschungsarbeit. Die Kommentare legen von Melvyns Gelehrsamkeit ebenso wie von seinem unverwechselbaren Humor beredtes Zeugnis ab. Unweigerlich gerät man ins Staunen ob der Vielfalt von Ansichten zu diesem Thema und der sich wandelnden Ideen und Moden, die diese Bilder veranschaulichen: von den Gesichtern toter Angehöriger über ektoplasmische Ausdünstungen bis hin zu menschlichen Auren und schwebenden Geisterflecken. Man kann diese Sammlung als historische Dokumentation ansehen, als soziologische Studie, als lauter Kurzkrimis oder auch als Aufforderung zur weiteren Nachforschung; viele Rätsel bleiben jedoch ungelöst. Ob man wie Melvyn die Möglichkeit paranormaler Ereignisse nicht ausschließen will oder ob man einzig darauf erpicht ist, Fälschungen und Selbsttäuschungen zu entlarven – in jedem Fall regt dieses Buch zum Nachdenken an. Die Society of Psychical Research kann sich glücklich schätzen, einen ehrenamtlichen Archivar zu haben, der eine solche Fülle interessanten Stoffes ausgegraben hat.

Prof. D. J. West
Professor Emeritus für Klinische Kriminologie

Einleitung

Was sind eigentlich Geister? Sind sie wirklich Manifestationen toter Personen? Oder ist der Mensch kraft seines Verstandes fähig, Erscheinungen in die physische Sphäre zu projizieren? Vielleicht sind sie eine Lücke im Zeitkontinuum, die uns Einblicke in die Vergangenheit gewährt; wir sehen einen lebendigen Menschen, der den Geschäften seines Alltags nachgeht, uns Heutigen aber als Geist erscheint. Doch nicht alle Geister sind sichtbar, die Seelen der Verflossenen können sich auch als unerklärliche Lichter oder als Poltergeister manifestieren, die willkürlich Gegenstände verrücken.

Die Beweise lassen keine eindeutigen Schlüsse zu. Angebliche Fotografien von Geistern sind selten, weit häufiger werden seltsame Geräusche, Gerüche, Veränderungen der Zimmertemperatur usw. gemeldet, und manche Orte sind geradezu berüchtigt dafür, daß es dort spukt. Freilich stammen nur sehr wenige der Bilder in diesem Buch von derartigen Schauplätzen oder sind absichtlich an Orten aufgenommen worden, wo Geister gesichtet wurden. Von einigen berühmten Ausnahmen abgesehen sind jene Fotografien, die sich jeder natürlichen Erklärung zu entziehen scheinen, Produkte des Zufalls. In aller Regel entdeckt der Fotograf erst auf der entwickelten Aufnahme etwas Seltsames, das er ganz gewiß nicht durch den Sucher seiner Kamera gesehen hatte. Wenn sich keine offensichtliche Erklärung anzubieten scheint, wird häufig bei Fachleuten Rat gesucht (so kam die Society for Psychical Research in den Besitz vieler der hier reproduzierten Bilder). Wenn die üblichen Erklärungen wie Mehrfachbelichtung, Spiegelungen usw. ausgeschlossen werden können, stehen wir vor einem Rätsel.

Man könnte die Ansicht vertreten, wenn die Fotografen kein Fachwissen oder besonderes Interesse an paranormalen Phänomenen haben, gebe es weniger Grund, die Bilder mit Skepsis zu betrachten, wie man sie etwa einem Geisterjäger oder Medium entgegenbringen würde. Doch selbst wenn am Ende nur ein einziges Bild übrigbliebe, das sich nicht als Fälschung oder optische Täuschung, die durch reinen Zufall entstanden ist, entlarven ließe, müßte man die Möglichkeit zugestehen, daß Geister existieren und von der Kamera eingefangen werden können.

In meinen Vorträgen über die Erforschung des Übernatürlichen erläutere ich stets die Grundlagen, aufgrund derer sich jeweils entscheiden läßt, ob ein Bild zur Vorführung und Kommentierung geeignet ist. Nicht alle der Fragen, mit deren Hilfe ich die Echtheit und Rätselhaftigkeit eines Fotos bestimme, können auf jedes Foto bezogen werden. Jeder Mensch muß selber wissen, welche Antworten für ihn richtig sind. Bei meinen Studenten – und bei mir selber – stelle ich immer wieder fest, wie überraschend die Ergebnisse mitunter ausfallen. Doch jedesmal, wenn man diesen Katalog Punkt für Punkt durchgeht, erweitert man sein Wissen um die eigenen Stärken des Glaubens und der Skepsis. Das kann nur positiv sein. Hier einige Fragen aus meiner Liste:

- Ist diese Fotografie eine absichtliche Fälschung?
- Hat ein Fehler im Film oder bei der Entwicklung diesen Effekt verursacht?
- Hat der Fotograf bewußt andere Personen und/oder Requisiten eingesetzt, um die Bilder zu erzeugen?
- Hat der Fotograf vergessen oder übersehen, daß sich andere Personen im Blickfeld der Kamera befanden?
- Ließe sich die Fotografie schlicht als Ergebnis eines unwiederholbaren oder allgemein bekannten Lichteffekts oder einer versehentlichen Störung vor der Linse erklären?
- Zeigt die Fotografie einen echten anomalen, aber dennoch natürlichen Effekt, für den es derzeit nur noch keine wissenschaftliche Erklärung gibt?
- Zeigt die Fotografie einen echten paranormalen Effekt, der nach unserem Verständnis außerhalb der Natur liegt und sich daher unserem Begriffsvermögen entzieht?
- Sofern ich überzeugt bin, daß die Fotografie etwas Paranormales abbildet: Wird dadurch mein Glauben an Religion, außerirdische Wesen oder andere übernatürliche Phänomene gestärkt, oder verhält es sich umgekehrt?
- Bin ich absolut sicher, daß ich die richtigen Antworten auf die vorangegangenen Fragen gefunden habe?

Eine weitere Frage, die ich vielleicht hinzufügen sollte, drängt sich auf: Woran sollte man einen Geist erkennen? Mancher Leser mag überrascht sein, in diesem Band die eine oder andere allgemein anerkannte Fälschung zu finden. Zumeist wird dieser Nachweis lange nach der Erstveröffentlichung des Bildes erbracht. Das Bild ist hier abgedruckt, um zu zeigen, was die Betrachter seinerzeit für möglich hielten. Bis weit ins 20. Jahrhundert hinein war die Mehrzahl der Menschen der festen Überzeugung, daß die Kamera nicht lügt. Derartige Bilder mit ihren Augen anzusehen, ist für uns Heutige durchaus lehrreich.

Dabei ist es unvermeidlich, daß mein eigener Standpunkt einen Einfluß darauf hat, wie ich die Fotografien interpretiere. Daneben lege ich gegensätzliche, nicht unbedingt vertrauenswürdige Ansichten über die Bilder dar, von denen viele nicht etwa bei Séancen, sondern sozusagen als Schnappschüsse entstanden sind. Oft wurden sie der Society of Psychical Research in der Hoffnung zugesandt, Aufklärung darüber zu erhalten, was die Kamera da eingefangen hat. Die Integrität dieser Menschen, die zumeist ganz unvoreingenommen an die Sache herangehen, und ihr genuiner Wunsch, die Rätsel zu entwirren, sind immer wieder beeindruckend. Tatsächlich kommt es heute nur selten vor, daß jemand auf eine paranormale Deutung anstatt einer natürlichen Erklärung drängt – noch vor hundert Jahren verhielt es sich eher umgekehrt.

Natürlich gibt es unzählige rätselhafte Fotografien, die hier keine Berücksichtigung finden konnten. Der Schwerpunkt soll auf dem Menschlichen und angeblich Menschlichen liegen, also auf Geister- und Gespenstererscheinungen. So faszinierend die Kryptozoologie auch ist, die sich mit ausgestorben geglaubten Tieren und anderen Geschöpfen ungewissen Ursprungs befaßt – das Ungeheuer von Loch Ness und der Yeti haben in diesem Band nichts zu suchen. Das gleiche gilt für Unbekannte Flugobjekte sowie für die mögliche Existenz von Wesen, die auf derselben zeitlichen oder räumlichen Ebene leben wie wir, aber von anderen Planeten und Sonnensystemen stammen.

Ich glaube, dieses Buch hat ganz unterschiedlichen Lesergruppen etwas zu bieten. Es enthält Informationen über viele seltsame Phänomene, die im Laufe der Jahrzehnte mit der Kamera eingefangen wurden. Dabei handelt es sich um die Ergebnisse gründlicher Forschungsarbeit, so daß auch ein ernsthaft interessierter Leser viel Neues erfahren wird – zumal die bibliographischen Angaben am Ende dazu anregen, sich tiefer in das Thema einzuarbeiten. Zugleich ist das hier behandelte Material gewiß spannend genug, um das Buch für jedermann interessant zu machen. Man kann darin blättern oder schmökern, die Bilder ansehen oder sich festlesen, darüber diskutieren oder auch streiten. Was kann man mehr von einem Buch verlangen?

Viel Freude beim Anschauen und Lesen!

Dr. Melvyn Willin, Ehrenamtlicher Archivar, Society for Psychical Research, London

DIE FRÜHESTEN BILDER

Die Frühzeit der Fotografie (vom späten 19. bis zum frühen 20. Jahrhundert) war zugleich das Goldene Zeitalter dieses Mediums. Heute weiß man, daß viele Fotografien aus dieser Zeit Fälschungen sind – damals aber waren die Menschen aufrichtig von ihrer Echtheit überzeugt. Ohnehin war der Glaube an ein Leben nach dem Tod weit verbreitet, und die Erfindung der Fotografie schien dessen Existenz zu beweisen. Trauernde schöpften Hoffnung, wenn ein Verstorbener scheinbar aus dem Grab zurückkehrte, um sich mit ihnen fotografieren zu lassen. Wenn diese Geister halbdurchsichtig aussahen, machte man dafür keine absichtliche Doppelbelichtung des Films verantwortlich, sondern seine mangelnde Empfindlichkeit für die Astralebene, auf der sich Geister bei ihren irdischen Erscheinungen bewegen. Man glaubte nämlich, daß diese sich aus mysteriösem Ektoplasma – einer dampfartigen Substanz, die der Körper eines Mediums angeblich im Trancezustand ausdünstete – zu einem Ebenbild ihrer selbst formten.

Die berühmtesten Medium-Fotografen wie etwa Mumler (S. 22) konnten zumeist als Scharlatane entlarvt werden. Das Vermächtnis ihrer unzähligen erhalten gebliebenen Fotografien veranschaulicht aber, wie verbreitet der Glaube an derartige Phänomene im Europa und Nordamerika des späten 19. und frühen 20. Jahrhunderts war. Die Techniken der Hypnose wie der Fotografie entzogen sich damals dem Verständnis breiter Teile der Bevölkerung. So gut wie alle Menschen glaubten, die Kamera könne nicht lügen. Heute wissen wir es besser. Und wir wissen, daß es Massenhypnose gibt. Wenn eine Menschenmenge sieht, wie eine Person, ein Tier oder ein Vogel angeblich aus Ektoplasma entsteht, würden wir durchaus die Möglichkeit in Betracht ziehen, daß sie – mit oder ohne ihr Wissen – hypnotisiert wurde.

Heute sind wir weniger geneigt, den Vogel auf Kluskis Schulter (S. 20) für eine Erscheinung aus einer anderen Welt zu halten. Wir fragen uns vielmehr, ob er lebendig oder tot ist, wo er herkam und wohin er nach der Séance entschwand. Manch ein Fotograf mag über forensische Kenntnisse um die Besonderheiten des menschlichen Auges verfügt haben. Die Techniken von Film und Fernsehen beruhen auf der Eigenschaft des menschlichen Auges, sich jedes Bild für den Bruchteil einer Sekunde zu merken. Wenn sie schnell genug gezeigt werden, nehmen wir einzelne Bilder als ununterbrochene Bewegung wahr. Wer weiß, welche weiteren Effekte oder welche Eigenschaften des Lichts sich diese frühen Scharlatane zunutze zu machen wußten, um ihr ahnungsloses Publikum hinter ebenjenes zu führen? Noch vor fünfzig Jahren hätte man sich über die Vorstellung von Laserstrahlen lustig gemacht – heute sind sie eine ganz selbstverständliche Alltagserscheinung.

Die teilweise hochangesehenen Förderer dieser frühen Medien sind nicht weniger schillernde Persönlichkeiten als die Medien selber. Sir William Crookes zählte zu den bedeutendsten Wissenschaftlern des 19. Jahrhunderts, dessen Lebenswerk zur Begründung der Atomtheorie beitrug. War sein lebenslanger Glaube an das Medium Florence Cook der blinden Leidenschaft eines törichten alten Mannes für eine törichte junge Frau geschuldet – oder machte er vielmehr gute Miene zum bösen Spiel, anstatt seinen Ruf als Wissenschaftler mit dem Eingeständnis zu ruinieren, daß er auf ihre billigen Tricks hereingefallen war? Vielleicht war er aber auch der einzige, der mit Sicherheit wissen konnte, daß ihre Offenbarungen echt waren.

Beim Betrachten dieser bemerkenswerten Fotografien sollte man drei verschiedene Brillen aufsetzen: je eine für das 19., das 20. und das 21. Jahrhundert. Wenige Menschen glauben im frühen 21. Jahrhundert an Elfen, schon gar nicht an jene zarten Flügelwesen aus den berühmten Cottingley-Fotografien. Vor hundert Jahren jedoch hielten die meisten Menschen es durchaus für möglich, daß derartige Geschöpfe in jedem x-beliebigen Garten leben könnten – vielleicht sogar in ihrem eigenen. Sir Arthur Conan Doyle jedenfalls, der Schöpfer des Sherlock Holmes, fand keinerlei Indizien für eine Fälschung. Die einleuchtendste Erklärung lautet: Er fand keine Indizien, weil er keine finden wollte. Eben daran dürfte es gelegen haben, daß diese Fotografien seinerzeit für echt gehalten wurden, während man ihnen heute eher skeptisch begegnet. Doch welche Brille der Betrachter auch aufsetzen mag – sei es die des 19., 20. oder 21. Jahrhunderts –, mit Sicherheit wird er sich von den Bildern in ihren Bann schlagen lassen; genau so, wie es mir immer wieder ergeht.

Was sah das Publikum wirklich?

ORT: Camp Silver Belle, Ephrata (Pennsylvania), USA
DATUM: vermutlich zwischen 1932 und 1961

Ralph Pressing, Herausgeber des *Psychic Observer*, und achtzig weitere Zuschauer erlebten aus nächster Nähe, wie das Ektoplasma von Silver Belle – Ethel Post-Parrishs junger indianischer Geistführerin – allmählich Gestalt annahm. Dieses Infrarotfoto, das zweite in einer Serie von sieben, zeigt Ethel, ein bekanntes Medium, in einer mit Vorhängen umhüllten Kabine sitzend, die offensichtlich vielerlei Möglichkeiten zur Täuschung bietet.

Seit der Erstveröffentlichung des Fotos wurden immer wieder Zweifel an der Authentizität dieser Ektoplasma-Erscheinung angemeldet. Spötter behaupten, die mysteriösen Körperdünste ließen sich mit Hilfe von Baumwolltüchern erzeugen. In der Tat weist die Fotografie allerhand Anomalien auf: die Stelle etwa, wo die Kabine – deren rechte Kante zudem auffällig gerade aussieht – von dem Fischschwanz der Erscheinung verdeckt wird. Sind unter dem Wirbelwesen zwei Füße zu sehen? Warum steht die Frau, die den Vorhang aufhält, vor einem ganz anderen Hintergrund als das Ektoplasma? Wurde Infrarotfotografie verwendet? – Infrarotstrahlen bewirken, daß Gesichter totenbleich aussehen. Das ist hier nicht der Fall. Normale Kameraeinstellungen eignen sich nicht immer, meist müssen Filter aufgesetzt werden, die sich beliebig bemalen ließen. Doch wird Infrarotfilm genauso entwickelt wie jeder andere, wobei wiederum die verschiedensten Täuschungseffekte möglich sind.

„Die junge indianische Geistführerin nahm allmählich Gestalt an“

Indes glaubten Pressing und die übrigen Zuschauer den Geist mit eigenen Augen gesehen zu haben. Tatsächlich kann ein geschulter Magier derartige Effekte vortäuschen. Ob man daraus aber folgert, daß Medien die gleichen Techniken benutzen oder ihr Publikum hypnotisieren – nun, das muß letztlich jeder Betrachter für sich entscheiden.

2

Lüge, Legende oder Levitation?

ORT: The Conway Hall, London, England
DATUM: 1937 oder 1938

Zwei Jahre lang vermochte Colin Evans seinen Zuschauern vorzumachen, sie seien Zeugen von Wundern geworden, die sie sonst nur aus der Bibel oder vom Hörensagen über heilige Fakire in Indien kannten. Aus der Geschichte sind verschiedene dokumentierte Fälle von Levitation bekannt. Heilige wie Teresa von Avila, Franz von Assisi oder der Mystiker Josef von Cupertino sollen über diese Fähigkeit verfügt haben. Seit der Erfindung der Kamera waren Bilder von indischen Fakiren im Umlauf, die mittels äußerster Körperkontrolle – oder Trickserei – die Schwerkraft zu überwinden schienen. In den Archiven der Society for Psychical Research findet sich sogar altes Filmmaterial von diesem Indischen Seiltrick, und heutige Experten sind überzeugt, ihn als Illusion entlarven zu können. Noch im 21. Jahrhundert gehört die Levitation zum Bühnenrepertoire von Magiern wie David Copperfield und David Blaine.

„Er überwand die Naturgesetze mit Hilfe geistiger Kräfte“

Dieses Infrarot-Foto von Colin Evans galt lange als authentisches Dokument seiner Fähigkeit, ungefähr eine Minute lang fünf Meter über der Erde zu schweben. Heute ist man skeptischer. Zweifler weisen auf die merkwürdigen Falten in seiner Hose hin – eventuelle Indizien darauf, daß er an einem langen Seil mit einem Flaschenzug hinter der Tür verbunden ist. Unübersehbar hängt an seiner linken Seite etwas Verdächtiges herunter. Doch warum schöpfte niemand aus dem Publikum je Verdacht? Darauf gibt es zwei mögliche Antworten. Er muß entweder ein Meister der Massenhypnose gewesen sein – oder aber die Naturgesetze tatsächlich mit Hilfe geistiger Kräfte überwunden haben.

Sherlock Holmes und der Elfenreigen

ORT: Cottingley Glen bei Bingley (West Yorkshire), England
DATUM: Juli 1917

Das wohl zauberhafteste aller angeblich paranormalen Bilder, die tanzenden Elfen von Cottingley Glen, galt jahrzehntelang als authentisch. Sogar Sir Arthur Conan Doyle, der Erfinder von Sherlock Holmes und ein leidenschaftlicher Anhänger der deduktiven Logik, war von seiner Echtheit überzeugt. Er bekannte sich zum Spiritualismus, und Elfen waren ihm von den Hobby-Zeichnungen seines Vaters und Großvaters vertraut.

„Das zauberhafteste aller paranormalen Bilder“

Im Jahr 1917 zeigten Elsie Wright (15) und ihre Cousine Frances Griffiths (10) stolz eine Reihe von Fotografien vor, auf denen ein schwebender Elfenreigen zu sehen war. Im Gegensatz zu Doyle und dem Elfen-„Experten" Edward L. Gardner hegte Sir Oliver Lodge von der Society for Psychical Research den Verdacht, daß es sich um Fälschungen handelte. Dank Doyles Buch *The Coming of the Fairies* (1922) galten diese Fotos allgemein als eindrucksvolle Dokumente des Paranormalen. Erst 1977 fiel dem Schriftsteller Fred Gettings auf, daß die Elfen von Cottingley jenen aus dem beliebten Kinderbuch *Princess Mary's Gift Book* (1915) aufs Haar glichen. Anfang der achtziger Jahre gestanden Elsie und Frances in Interviews mit der Zeitschrift *The Unexplained* sowie in einem Artikel in *The Times*, daß sie die Mitwelt sechzig Jahre lang an der Nase herumgeführt hatten. Wie das *British Journal of Photography* 1982/83 in einer Artikelreihe enthüllte, hatten die Cousinen die Elfenbilder ausgeschnitten und mit Hutnadeln fixiert. Bei genauer Betrachtung hätte das eigentlich auffallen müssen. 1995 wies der Magier James Randi darauf hin, daß – im Gegensatz zu dem Wasserfall am linken Bildrand – die Flügel der Elfen trotz der langen Belichtungszeit vollkommen scharf sind. Manche Leute lassen sich indes durch nichts von ihrem Glauben an Elfen und andere Fabelwesen abbringen.

Seltsame Séance

ORT: Mornington Road, London, England
DATUM: Mai 1874

Auf dieser berühmten Geisterfotografie ist rechts auf dem Stuhl das Medium Florence Cook zu sehen. Den Geist, den sie angeblich herbeizurufen vermochte, bezeichnete sie als Katie King, und im Laufe von drei Jahren machte der angesehene Wissenschaftler Sir William Crookes 44 Aufnahmen von ihr. Hernach ward Katie King nicht mehr gesehen. Um Florence und ihre Geistererscheinungen kreisen allerhand Gerüchte. Sie war erst 18, als dieses Bild entstand, und der 42jährige Crookes stand im Verdacht, eine heimliche Liebschaft mit dem jungen Mädchen zu unterhalten. Denkbar ist auch, daß Crookes vorgab, an Florence Cooks Fähigkeiten zu glauben, um nicht zugeben zu müssen, daß er sich geirrt hatte und damit seinen Ruf als Wissenschaftler zu schädigen. Er war ein sehr wohlhabender Mann und zählte sowohl in der Physik wie in der Chemie zu den Koryphäen des 19. Jahrhunderts. Er hatte 1861 das Element Thallium entdeckt, und mit seinen Forschungen über Kathodenstrahlen bereitete er den Boden für die Atomphysik. Fehltritte durfte sich eine derart in der Öffentlichkeit stehende Persönlichkeit nicht erlauben.

Die Augenzeugenberichte über diese Séancen lesen sich recht wirr, und selbst Crookes' Schilderungen enthalten Unstimmigkeiten. Dennoch hielt er zeit seines Lebens an seinem Glauben fest. Noch 1898 sagte er: „Jenseits unserer wissenschaftlichen Kenntnis gibt es eine Kraft, in der eine andere Intelligenz wirkt als diejenige, über die Sterbliche gewöhnlich verfügen." Ob Crookes wohl geahnt hat, daß Florence und Katie ein und dieselbe Person waren? Darauf gibt es jedenfalls zahlreiche Hinweise. Als Sir George Sitwell einmal mit den Händen nach einer dieser vermeintlichen Erscheinungen griff, entpuppte sie sich als Florence höchstpersönlich, die nur ihre Unterwäsche trug.

„Florence höchstpersönlich in ihrer Unterwäsche"

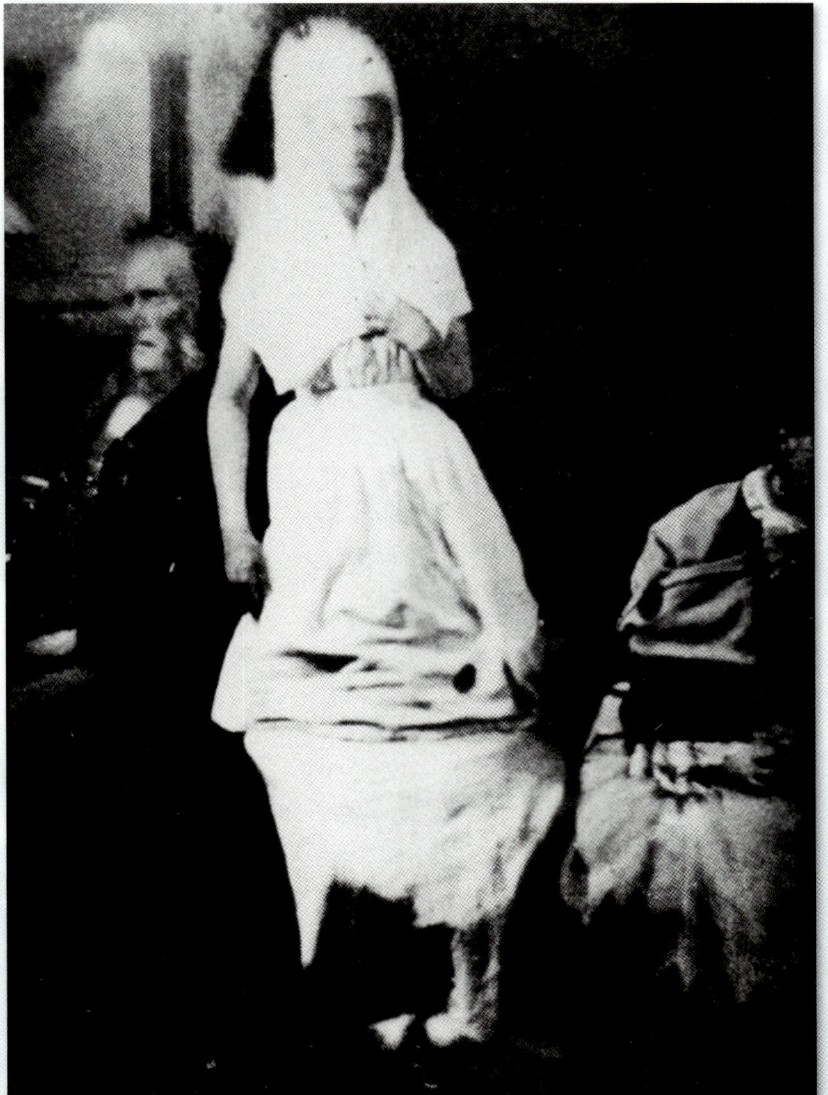

Adlerschwingen aus Ektoplasma

ORT: unbekannt
DATUM: 1919

Teofil Modrzejewski behauptete, eine ganz besondere Gabe zu haben. Er konnte allerlei Getier aus der Luft herbeibeschwören: Hunde, Katzen, Eichhörnchen, einen Löwen und einmal sogar ein urzeitliches Geschöpf, das halb Mensch, halb Menschenaffe war. Der gebürtige Warschauer, Jahrgang 1874, war im bürgerlichen Leben Bankdirektor und hielt unter dem Pseudonym Franek Kluski Séancen ab. Ab 1918 erlangte er unter anderem dadurch Berühmtheit, daß er, im Unterschied zu anderen Medien, manchmal in gut beleuchteten Räumen auftrat. Über die Séance, bei der diese Fotografie entstand, schreibt Barbanell: „Aus der zuckenden Masse des Ektoplasmas hob ein Schwirren und Rauschen an, dann das Schlagen gewaltiger Flügel. Langsam nahm ein prachtvoller Adler Gestalt an ..." (zitiert aus: *The Newsletter*, Noah's Ark Society, September 1994).

Wie kaum anders zu erwarten, ist die Authentizität dieser und anderer Erscheinungen, die bei Kluskis Séancen zutage getreten sein sollen, höchst umstritten. Hier zum Beispiel deutet die Größe des Vogels ebenso wie sein kurzer Schnabel darauf hin, daß es sich nicht etwa um einen Adler, sondern um einen Falken oder ähnliches handelte, der sich leichter verbergen und enthüllen ließe. Zudem hat Barbanell keine Erklärung dafür, wie die langsamen Kameras von damals „das Schlagen gewaltiger Flügel" derart scharf hätten ablichten können. Im *Journal of the Society for Psychical Research* sind Artikel für und wider die Echtheit des Fotos sowie Briefwechsel erschienen, die bis ins späte 20. Jahrhundert fortgeführt wurden. Fest steht allemal, daß Kluski ein brillanter Magier und vermutlich auch ein Massenhypnotiseur war. Dieses Bild regt bis heute zu kontroversen Diskussionen an. Falls es keine Fälschung sein sollte, wäre es eine von sehr wenigen Aufnahmen, die je von einem Geistervogel gemacht wurden.

„Aus der zuckenden Masse des Ektoplasmas hob ein Schwirren und Rauschen an"

Abraham Lincolns Geist

ORT: Fotostudio in New York City, USA
DATUM: 1869?

Der Geisterfotograf William H. Mumler konnte nicht ahnen, daß seine Kundin gelogen hatte. Als Namen hatte sie Mrs. Tundall angegeben und war ganz in Schwarz gekleidet in seinem Studio erschienen. Daß sie in Wirklichkeit Mary Todd Lincoln hieß, die Witwe des ermordeten Präsidenten, wurde Mumler möglicherweise erst klar, als er das entwickelte Foto zu Gesicht bekam, auf dem unverkennbar ihr toter Mann zu sehen ist, dessen Hände auf ihren Schultern ruhen.

„Unverkennbar ist ihr ermordeter Mann zu sehen, dessen Hände auf ihren Schultern ruhen“

Mumler gilt als der Entdecker – manche würden sagen Erfinder – der Geisterfotografie. Er begann als Hobbyfotograf, der seinen Lebensunterhalt mit der Gravur von Edelsteinen verdiente. Eines Tages fiel ihm beim Entwickeln von Selbstporträts auf, daß auf einer der Fotoplatten eine zwölf Jahre zuvor verstorbene Person zu sehen war. Sozusagen über Nacht wurde er zum gefeierten Geisterfotografen, so daß er seinen Brotberuf aufgeben konnte. Er zog von Boston nach New York, wo sein Werk allgemeine Bewunderung fand. Seine Methoden wurden von Fachleuten geprüft, die ihm aber keine Fälschung nachweisen konnten. Mumlers Ruhm drang bis nach England. In seinem Buch *Personal Experiences of William H. Mumler in Spirit Photography* gibt er Aufschluß über seine Methoden, Überzeugungen und Modelle. Um 1872 fiel ein junger Herr namens Herrod aus North Bridgewood (Massachusetts) in eine Trance, in der er mit den Geistern Europas, Asiens und Amerikas fotografiert wurde. Mumlers Alben enthalten Bilder von Müttern, Verlobten, Schauspielerinnen und Geistführern, die hinter den Porträtierten sichtbar sind. Übernatürliche Fähigkeiten hin oder her – seinen eigenen Ruin sah Mumler jedenfalls nicht voraus. Nachdem sich herausgestellt hatte, daß viele seiner Erscheinungen quicklebendige Menschen waren, wurde er zwar vor Gericht von dem Vorwurf des Betrugs freigesprochen. Von dieser Schande erholte er sich jedoch nie und starb 1884 in Armut.

Bitte lächeln!

ORT: Frederick Hudsons Fotostudio, London, England
DATUM: um 1875

Diese Aufnahme soll von Frederick Hudson stammen, dem englischen Pionier der Geisterfotografie. Angeblich handelt es sich um ein Porträt seines Freundes Mr. Raby in Gesellschaft von vier Geistern: der Gräfin, James Lombard, Tommy und Mr. Woottons Mutter. Es wird behauptet, Hudson habe weder die Kamera noch den Film angerührt, der von anderen entwickelt worden sei: „Erhalten von den Herren Raby, Wootton & Rutherford in Hudsons Studio. Bei einer Séance im Hause von Herrn Wootton baten ihn die Geister, Hudson aufzusuchen, wo sie ihre Ebenbilder hervorzubringen versprachen. Herr W. leistete ihrer Aufforderung in Begleitung seiner Freunde Folge. Die Herren bedienten die Kamera selber und ließen nicht zu, daß Hudson irgendwo Hand anlegte."

„Vielleicht hätte er sich Hudsons Kamera genauer ansehen sollen"

Indes unternahmen seine Freunde nichts, um die Fotoplatte vor späteren Retuschen zu schützen. Im Folgejahr nahm der Herausgeber des *British Journal of Photography* Hudsons Studio unter die Lupe, konnte aber keine logischen Erklärungen für die ungewöhnlichen Bilder finden. Vielleicht hätte er sich Hudsons Howell-Kamera genauer anschauen sollen. Denn es heißt, darin sei ein verborgener Metallrahmen eingebaut worden, auf den das entsprechende geisterhafte Bild auf durchsichtigem Pergamentpapier gespannt werden konnte. Diese Vorrichtung sei zugeschnappt, sobald die Blende sich öffnete, so daß das verborgene Bild mit belichtet wurde, und dann wieder in ihr Versteck zurückgefallen. Allerdings ist damit nicht erklärt, wie Hudson manchen seiner Kunden Fotografien überreichen konnte, auf denen deren verstorbene Söhne oder Mütter eindeutig zu erkennen waren. Obwohl bekannt war, daß er sich ab und zu verkleidete, um selber als „Geist" zu posieren, oder Bilder mit Hilfe von Doppelbelichtungen fälschte, herrschte letztlich die Meinung vor, er habe neben Fälschungen auch viele authentische Geisterfotografien geschaffen.

Phantome in der Basilika

ORT: Basilika von Le Bois-Chenu, Domremy, Frankreich
DATUM: 1925

Die Wirkung dieses Bildes hat entscheidend mit seinem Entstehungsort zu tun. Die Aufnahme stammt aus einer Basilika, die der Heiligen Johanna von Orleans gewidmet ist. In einem Wald ganz in der Nähe widerfuhren der Jungfrau von Orleans jene spirituellen Erfahrungen, die den Verlauf der europäischen Geschichte verändern sollten: Nachdem sie einen ihr völlig Unbekannten als den französischen Thronfolger erkannt hatte, führte das Mädchen aus einfachsten Verhältnissen Frankreich zu einem großen Sieg. Lady Palmer, die das Foto von ihrer Freundin Miss Townsend aufnahm, versicherte glaubhaft, niemand anders habe sich in der Basilika aufgehalten. Auf der entwickelten Fotografie aber sind zwei Figuren in Priestergewändern zu sehen.

> „In ganz Frankreich gibt es kaum einen besseren Schauplatz für paranormale Ereignisse“

Das Alter der Aufnahme und das Fehlen jeglicher weiterer Indizien erschweren die Beurteilung ihrer Echtheit. Zweifelsohne wußten die beiden Frauen um die hohe spirituelle Bedeutung des Schauplatzes. Laut einer verbreiteten Ansicht kann die emotionale Spannung, die eine derart mystische Umgebung unweigerlich auslöst, ein als „Gedankenfotografie" bezeichnetes Phänomen bewirken. Das heißt, daß der Gemütszustand der Person vor oder auch hinter der Kamera spontan Bilder erzeugt, die dann auf dem Film erscheinen. Bei dieser Fotografie handelt es sich wohl nicht um eine vorsätzliche Täuschung durch Doppelbelichtung. Freilich waren die Kameras der damaligen Zeit keineswegs zuverlässig, so daß eine unbeabsichtigte Doppelbelichtung nicht ausgeschlossen werden kann. Und doch gibt es in ganz Frankreich kaum einen zweiten Ort, an dem paranormale Ereignisse so wahrscheinlich wären wie hier ...

Der Geist zwischen den Büchern

ORT: die Bibliothek von Combermere Abbey bei Whitchurch (Cheshire), England
DATUM: 5. Dezember 1891

In den noch bewohnten Teilen der verfallenen Benediktiner-Abtei aus dem 12. Jahrhundert herrschte Totenstille. An diesem Tag wurde Lord Combermere beerdigt, der bei einem tragischen Unfall ums Leben gekommen war. Nur Sybell Corbet hielt sich in der Bibliothek auf, um den Lieblingsstuhl des Verstorbenen zu fotografieren. Sie schwor hoch und heilig, keiner der beiden im Haus zurückgebliebenen Bediensteten habe während der einstündigen Belichtungszeit den Raum betreten. Sie entwickelte die Fotoplatte eigenhändig und entdeckte darauf das gespenstische Abbild des Toten in seinem Lehnstuhl.

„Sie entdeckte das gespenstische Abbild des Toten in seinem Lieblingsstuhl“

Sir William Barrett von der Society for Psychical Research vertrat zunächst die These, einer der Bediensteten müsse vergessen haben, daß er doch in der Bibliothek gewesen war. Wie im *Journal of the Society for Psychical Research* vom Dezember 1895 berichtet wird, veranlaßte ein Brief von Lord Combermeres Schwiegertochter ihn dazu, seine Meinung zu ändern. Keiner der Bediensteten sehe der abgebildeten Figur ähnlich, schrieb sie, und ihr Mann und seine Geschwister seien überzeugt, daß es sich tatsächlich um ihren Vater handle. Diese Annahme freilich läßt einige Fragen offen. So hat der adlige Geist offensichtlich keine Beine. Manche Betrachter behaupten auch, Kopf und Arm stünden nicht im richtigen Größenverhältnis zueinander. In jedem Fall scheinen Alternativen zu einer paranormalen Erklärung durchaus denkbar. Die rätselhafte Erscheinung könnte etwa durch einen unbeabsichtigten und unerwarteten Beleuchtungseffekt verursacht worden sein. Wahrscheinlicher ist wohl, daß sich jemand einen Spaß erlaubt und die Fotoplatte doppelt belichtet hat.

DIE FOTOGRAFIE DES UNSICHTBAREN

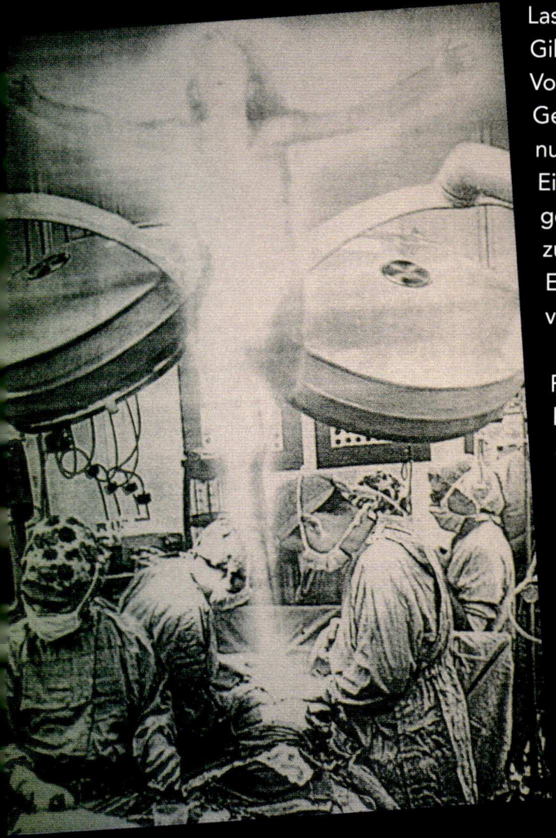

Lassen sich Gedanken, sozusagen die Bilder in unseren Köpfen, fotografieren? Gibt es wirklich so etwas wie Auren, Geisterflecken oder Poltergeister? Die Vorstellung, Gedanken ließen sich direkt auf Film übertragen, wird gemeinhin als Gedankenfotografie bezeichnet. Das klingt unglaublich – doch braucht man sich nur die Bilder anzuschauen, die Ted Serios zwischen 1964 und 1967 schuf. Jule Eisenbud jedenfalls hielt seine im Archiv der University of Maryland in Baltimore gesammelten Papiere und Fotografien für seriös. Es wäre töricht, davon auszugehen, daß es sich dabei samt und sonders um Fälschungen handelt, zumal Eisenbud und andere Forscher Serios' fotografische Experimente oft unter veränderten Bedingungen wiederholten.

Für den Glauben, daß alle Lebewesen – einschließlich Pflanzen – eine Aura haben, gibt es stichhaltige Belege. Mit Hilfe der Kirlian-Methode (Koronaentladungsfotografie) lassen sich Bilder erzeugen, die tatsächlich das normalerweise Unsichtbare fotografisch dokumentieren. An der Frage nach dem Ursprung solcher Erscheinungen und ihrer Bedeutung scheiden sich die Geister. Daß Körper Wärme ausstrahlen, läßt sich ebensowenig bestreiten, wie die Erkenntnis, daß alle Organismen auf ihre Umwelt einwirken. Kirlian-Fotografien gehen jedoch darüber hinaus, indem sie Phantombilder von Dingen erzeugen, die in Wirklichkeit nicht mehr vorhanden sind: von Teilen eines Blattes etwa, die zuvor entfernt wurden. Während man solchen Bildern keine tiefere Bedeutung zuschreibt, ist die Deutung menschlicher Auren äußerst umstritten: Was deren Farbe über die Gesundheit und Persönlichkeit des Betroffenen aussagt, darüber gehen die Meinungen weit auseinander.

Das Rosenheimer Foto ist das einzige in diesem Band, das angeblich einen Poltergeist am Werk zeigt: eine unsichtbare Kraft, die Möbel verrückt und andere unerklärliche Phänomene verursacht. Über vierzig Zeugen schworen, diese Vorkommnisse mit eigenen Augen gesehen zu haben. Es gibt Videoaufnahmen der schwingenden Lampe, und anerkannte Experten aus der Welt der Wissenschaft wie der Parapsychologie versuchten vergeblich, das Rätsel zu lösen. Auch wenn das Was und das Wie bis heute ungeklärt bleiben – *daß* dort etwas passiert ist, wird niemand leugnen können. Um dies noch eindrucksvoller vorzuführen, hätte man diesem Buch eine DVD beilegen sollen!

Die Fotografien des Dr. Baraduc veranschaulichen auf das vortrefflichste die Probleme, um die sich das folgende Kapitel dreht. In der Hoffnung, die Existenz eines Geistes nachweisen zu können, der den Körper überlebt, um ihn dann allmählich zu verlassen, fotografierte er seine Frau und später seinen Sohn unmittelbar nach ihrem Ableben. Beim Betrachten kann man sich der verschiedensten Gedanken nicht erwehren. Was war das für ein Mann, der dies im Augenblick des Verlusts seiner nächsten Angehörigen tat? Kann es sich um Betrug, Pfuscherei bei der Entwicklung oder einen technischen Defekt der Kamera handeln? Oder war Gedankenfotografie im Spiel, etwa eine Aura-Übertragung? Die eigentliche Frage aber ist eine Glaubensfrage: Lebt die menschliche Seele nach dem Tod weiter?

Sein oder nicht sein

ORT: Holy Heart Hospital, Standort unbekannt
DATUM: veröffentlicht am 15. September 1992

„Ein leuchtender engelsgleicher Geist fuhr vom Operationstisch in die Höhe"

„Vater im Himmel – das ist eine menschliche Seele!" entfuhr es einem Priester im Holy-Heart-Krankenhaus, als er diese Aufnahme zu Gesicht bekam. Auch in Donald Rivers' Artikel, der 1992 in den *Weekly World News* erschien, war die Rede von einem „leuchtenden engelsgleichen Geist, der vom Operationstisch in die Höhe fuhr" – im selben Moment, da der Herzmonitor der 32jährigen Karin Fischer ihren Tod anzeigte. Peter Valentin, der Ausbildungsleiter des Krankenhauses, fand dieses Bild unter den 72 Aufnahmen, die er während der Operation gemacht hatte, und authentifizierte es. Niemandem aus dem zwölfköpfigen Operationsteam war etwas Bemerkenswertes aufgefallen, doch der Chirurg Dr. Walter Springer und der Theologe Dr. Martin Muller sowie „Kleriker und Wissenschaftler aus ganz Europa" haben sich nachträglich mit dem Inhalt des Bildes auseinandergesetzt. Papst Johannes Paul II. bat ebenfalls um einen Abzug.

So weit, so anrührend. Indes meldeten sich bald Skeptiker zu Wort, denen dieser Geist allzu bekannt vorkam. Die an den Knöcheln verschränkten Füße lassen den Verdacht aufkommen, hier sei ein Kreuzigungsbild durch Doppelbelichtung über die Aufnahme aus dem Operationssaal gelegt worden. Das als Schauplatz genannte „Holy Heart Hospital" ist genauso unauffindbar wie Dr. Springer und Dr. Muller. Donald Rivers wiederum war ein fiktiver Journalist in der Science-fiction-Fernsehserie *The Outer Limits*. Letztlich wird jeder Betrachter – je nachdem, woran er persönlich glaubt – für sich selber entscheiden müssen, was er von der Fotografie hält. Stammlesern der *Weekly World News* freilich dürfte dies nicht schwerfallen. Schließlich erscheinen dort regelmäßig Räuberpistolen über Elvis-Erscheinungen, George Bushs Ambitionen auf den Heiligen Stuhl oder Liebesaffären zwischen Saddam Hussein und Osama bin Laden.

Die Seele verläßt den Körper

ORT: Totenbett der Frau von Hyppolite Baraduc, Frankreich
DATUM: 1907

Zwanzig Minuten liegen zwischen der Belichtung dieser beiden Fotoplatten, auf denen eine äußerst intime Sterbeszene eingefangen ist. Das Beklemmendste und zugleich Überzeugendste an den beiden Bildern sind die drei Nebelklumpen, die über dem Leichnam der soeben Verstorbenen schweben. Dr. Baraduc glaubte genau den Augenblick festgehalten zu haben, in dem die Seele seiner Frau ihren Körper verließ. Hyppolite Baraduc war bei seinen Experimenten mit Geisterfotografie auch auf frühe Beispiele dessen gestoßen, was man später als Gedankenfotografie bezeichnete: Wenn eine Testperson eine unbelichtete Fotoplatte in der Hand hielt und ihre Gedanken auf ein bestimmtes Bild konzentrierte, wurde angeblich durch psychische Kräfte eben dieses Bild auf der Platte sichtbar. 1895 hielt Baraduc darüber einen Vortrag vor der Französischen Akademie der Medizin und behauptete, ein „Biometer" erfunden zu haben, das eine von den Nerven ausgehende Kraft und unbekannte Energieformen außerhalb des menschlichen Körpers messen könne. Seine Erkenntnisse veröffentlichte er 1913 in Buchform.

Wenn man Gedankenfotografie für möglich hält, erscheint es denkbar, daß Baraducs Gemütszustand im Augenblick des Todes seiner Frau zur Entstehung dieser Bilder beitrug. Oder führte er vielmehr dazu, daß Baraduc Fehler beging, an die er sich später nicht erinnerte? Die Ähnlichkeit zwischen den beiden Aufnahmen der Seele läßt jedoch auf eine noch profanere Erklärung schließen. Ein Berufsfotograf erläuterte mir, daß winzige Löcher in dem Blasebalg hinter der Linse einer frühen Kamera einen solchen Effekt verursachen könnten, erst recht bei einer länger andauernden Öffnung der Blende. Ihre Symmetrie deute darauf hin, daß derartige Löchlein am ehesten entlang den Faltstellen des Blasebalgs entstünden, seinem empfindlichsten Teil.

> „Dr. Baraduc glaubte fotografiert zu haben, wie die Seele den Körper verließ"

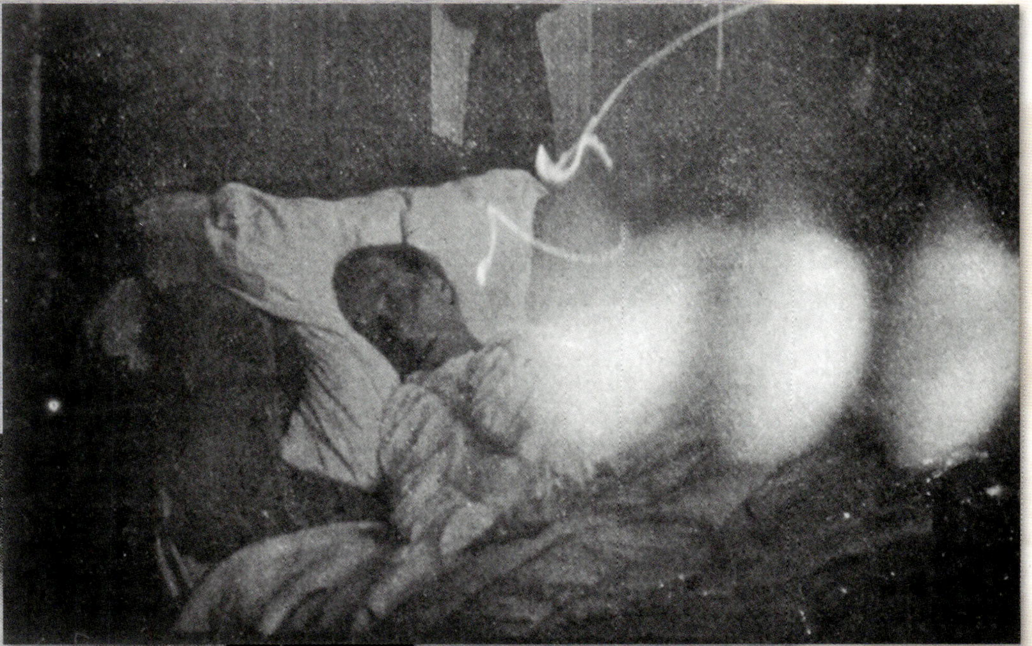

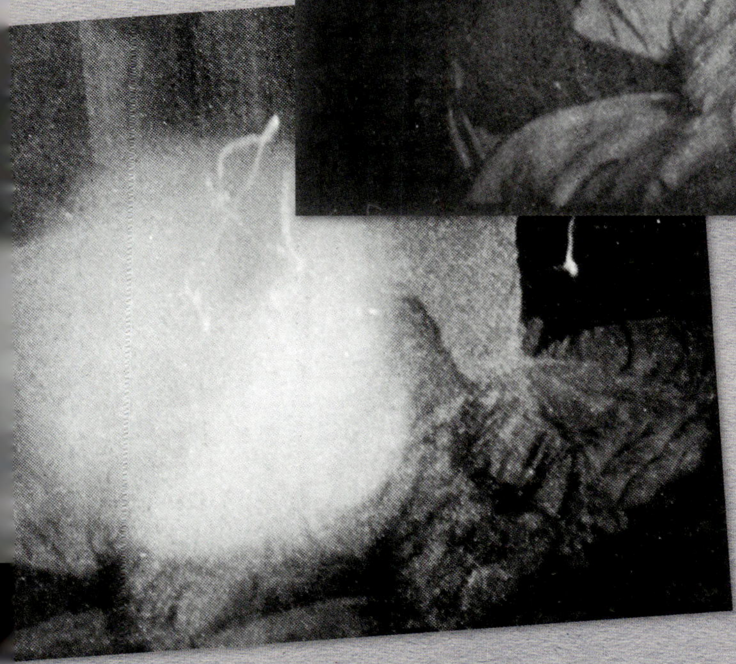

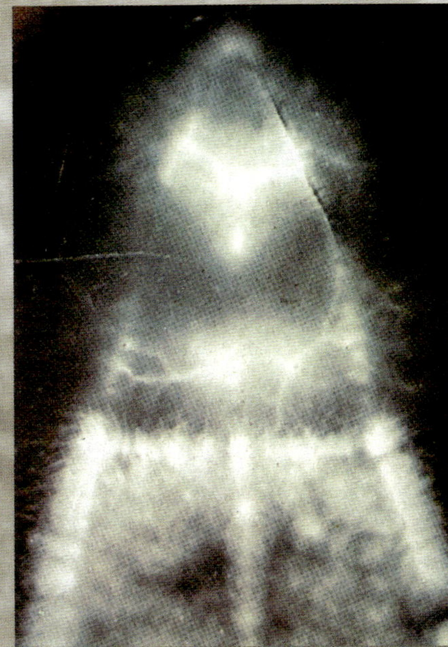

Auratische Blätter

ORT: Rußland
DATUM: 1960er Jahre

Beweisen diese Bilder, daß alle Lebewesen eine Aura hervorbringen? Sie entstanden mittels einer 1939 von den Wissenschaftlern Semjon und Valentina Kirlian entdeckten Methode, die auch Koronaentladungsfotografie genannt wird. Damit behaupteten sie die elektrischen Energieströmungen von Lebewesen abbilden zu können. Der betreffende Gegenstand mußte dazu in unmittelbare Berührung mit dem Film gebracht werden. Er wurde zwischen zwei Metallplatten eingeklemmt; dann wurde eine starke Stromladung hindurchgeleitet, um die natürlichen biologischen Energieflüsse zu verstärken. Dieser Verstärkungseffekt wird auf den Film gebannt, wobei Fotos wie die auf der linken Seite abgebildeten herauskommen. Angeblich ließ sich mit dieser Technik auch die menschliche Aura fotografieren, was die Mehrheit der Forscher heutzutage aber bestreitet.

„Ein Umriß des unbeschädigten Blatts blieb sichtbar“

1966 machte der russische Forscher Viktor Adamenko eine erstaunliche Entdeckung: Wenn er von einem Blatt die Spitze abtrennte und es dann mit der Kirlian-Technik fotografierte, blieb ein Umriß des unbeschädigten Ganzen sichtbar, wenngleich die Spitze ein schwächeres Abbild hinterließ (siehe das kleinere Bild oben rechts). Im Zuge weiterer Experimente fand er heraus, daß etwa ein Kirlian-Bild eines menschlichen Fingers seine Farbe mit der Streßbelastung der betreffenden Person veränderte. Wenn das stimmt, ließe sich diese Technik im medizinischen Bereich einsetzen. Es gibt auch Heilpraktiker, die damit beispielsweise die Wirkung der Akupunktur nachweisen wollen.

Skeptiker behaupten, die Effekte würden möglicherweise durch Feuchtigkeit in oder auf den fotografierten Gegenständen verursacht oder durch Emulsionen, die bei Druck austreten. Freilich ließen sie sich auch relativ einfach durch Retusche oder Doppelbelichtung erzeugen. Das blau strahlende Kreuz ist ein weiteres Beispiel für die Kirlian-Technik, hier allerdings an einem leblosen Objekt. Angeblich ist die Strahlung oder Aura ein Zeichen für das psychologische Gleichgewicht des Menschen, der das Kreuz um den Hals trägt, sowie für seine Beziehung zu diesem Symbol.

Geisterfahrer auf dem Highway

ORT: vermutlich Denver (Colorado), USA
DATUM: 1960er Jahre

Angeblich entstand dieses eindeutig erkennbare Bild eines Doppeldecker-Busses durch die Projektion mentaler Energie. Nachdem diese Fähigkeit 1961 bei Ted Serios entdeckt wurde, führte ein Psychiater aus Denver namens Jule Eisenbud von 1964 bis 1967 mit Serios, einer Polaroid-Land-Kamera, Modell 95, und Schwarzweißfilm eine Reihe von Experimenten durch. Serios klemmte sich die geschlossene Kamera zwischen die Beine, so daß die Linse auf seine Stirn gerichtet war. Oft benutzte er eine Röhre aus schwarzem Papier, um seine Gedanken noch genauer lenken zu können. Viele der so erzeugten Bilder sind offenbar keine Produkte seiner Phantasie, sondern stammen aus Büchern oder von Postkarten

„Bei zahlreichen Bildern war er mehrere Meter von der Kamera entfernt“

Skeptiker sind der Meinung, Serios habe seine Röhre als Hilfsmittel bei einem faulen Trick benutzt. Dagegen sprechen die zahlreichen Bilder, bei deren Entstehung er mehrere Meter von der Kamera entfernt war. Als das hier abgebildete Foto geschossen wurde, hielt Dr. John F. Conger, Dekan an der Medizinischen Fakultät der University of Colorado, seine Hand über die Röhre. Manchmal drückten andere ab, manchmal wurde Serios gar in einen Faraday-Käfig aus Metall eingesperrt, der keine elektromagnetische Felder durchläßt, oder er mußte seine Kleidung wechseln, damit er darin nichts verbergen konnte. Serios war Alkoholiker und erzielte seine besten Ergebnisse im trunkenen Zustand. Es hieß, er habe „lauthals gejammert und seinen Kopf gegen den Boden geschlagen, wenn es nicht nach seinem Willen lief". Bevor seine Fähigkeit ihn 1969 ganz verließ, schuf Serios über eintausend Gedankenfotografien, und allen Zweiflern legte der unbeirrbare (und äußerst umstrittene) Eisenbud nahe, dergleichen Effekte erst einmal nachzumachen – mit oder ohne faule Tricks. Niemand nahm diese Herausforderung je an, und James Randi kommentierte: „Sollte Herr Serios ... sich tatsächlich keiner Tricks bedient haben, müßten sämtliche Regeln der Physik, insbesondere der Optik, sämtliche wissenschaftlichen Erkenntnisse der vergangenen Jahrhunderte neu geschrieben werden."

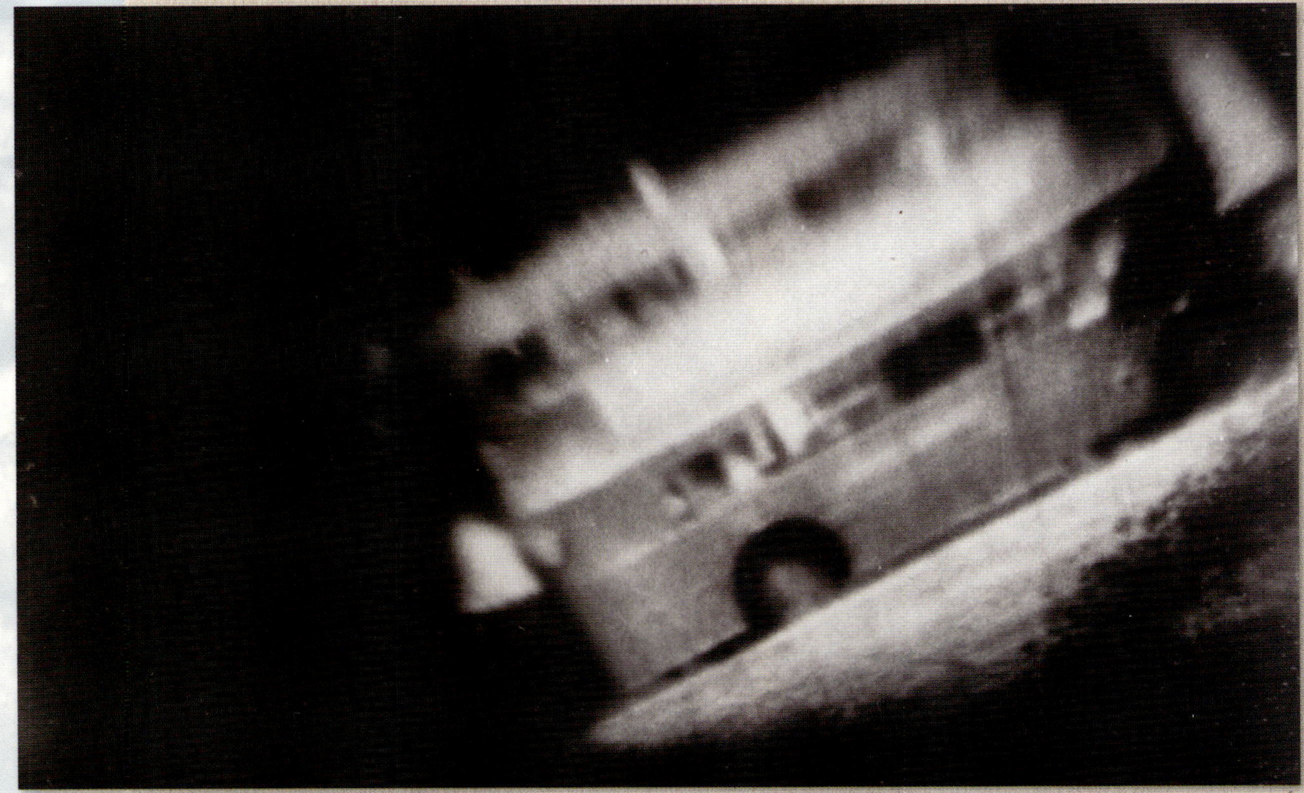

Fräulein Schneider und ihr Poltergeist

ORT: Königstraße 13, Rosenheim (Bayern), Deutschland
DATUM: 1967/8

Ob unerklärliche Geräusche oder schwingende Lampen: Wenn die 18jährige Anne-Marie Schneider in der Nähe war, wußte man nie, was als nächstes passieren würde. Über vierzig Augenzeugen bestätigten diese Phänomene aus eigener Erfahrung. In der Anwaltskanzlei, wo Schneider arbeitete, explodierten plötzlich Glühbirnen, und es wurden unzählige Anrufe bei der elektronischen Zeitansage getätigt, die niemand gemacht haben wollte. Gemälde und Möbelstücke tauschten wie von Zauberhand die Plätze. Nachdem Techniker von Siemens und dem Elektrizitätswerk vergeblich versucht hatten, die Ursache der Störungen ausfindig zu machen, machten die Physiker Dr. Karger vom Max-Planck-Institut für Plasmaphysik und Dr. Zicha von der Universität München eine unbekannte Energieform verantwortlich. Der Parapsychologe Hans Bender kam zu dem Schluß, daß Anne-Marie Schneider die sonderbaren Phänomene auszulösen schien, und machte 1968 Videoaufnahmen, aus denen auch dieses Bild der schwingenden Deckenlampe stammt.

> „Gemälde und Möbelstücke tauschten wie von Zauberhand die Plätze“

Poltergeister, die unerklärliche Geräusche verursachen und Möbel verrücken, treten gemeinhin im Umfeld von Kindern und Jugendlichen auf, und zwar insbesondere von unglücklichen. Offenbar fühlte sich Anne-Marie weder zu Hause noch am Arbeitsplatz wohl. Nach ihrer Hochzeit 1970 hörten die seltsamen Vorfälle schließlich auf. Niemand scheint restlos aufklären zu können, ob derlei psychokinetische Aktivität – die Veränderung der unmittelbaren Umgebung allein durch psychische Kräfte – bewußt oder unbewußt ausgelöst wird. Wie dem auch sei, jedenfalls ist dieses Bild insofern ein wichtiges Zeugnis, als es ein Phänomen dokumentiert, das sich nur schwer auf Film bannen läßt. Anne-Maries Fallstudie gibt der Wissenschaft viele Rätsel auf, die der weiteren Nachforschung harren.

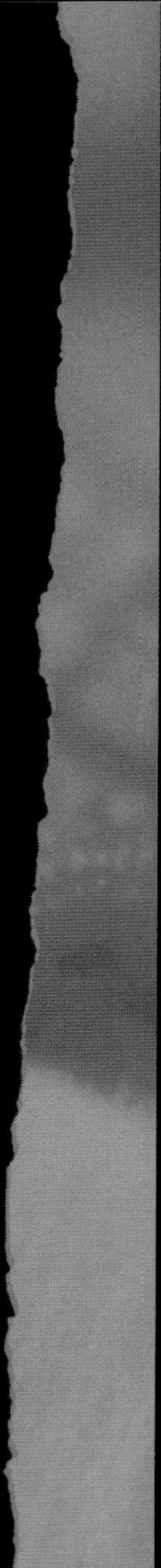

Esoterische Erleuchtung

ORT: (linkes Bild) unbekannt; (rechtes Bild) Stansted Hall, Stansted (Essex), England
DATUM: 1990er Jahre

Besitzt jeder Mensch eine Aura, eine Ausstrahlung, mittels deren sich Aussagen über seine geistige und körperliche Gesundheit treffen lassen? In den siebziger Jahren begann Guy Coggins mit seiner Biofeedback-Kamera Auren zu fotografieren. Dazu legt die Testperson ihre Hände auf Sensoren aus Metall, die elektronisch ihre Aura ermitteln. Ein Polaroid-Gerät dokumentiert deren „Farben", ohne daß jedoch der Anspruch erhoben würde, die Aura als solche zu fotografieren. Medien deuten dann die Farbschattierungen bezüglich der Gesundheit, Persönlichkeit usw. der Testperson. Mein Gesicht war dabei hinter einer roten Aura kaum zu sehen (rechtes Bild), während andere Testpersonen grüne, gelbe oder blaue Auren aufwiesen. Dieser Effekt wurde als „die Maske" bezeichnet und deutete angeblich auf eine gewisse Skepsis hin, die bewirke, daß der Energiefluß mit psychischen Kräften verhindert werde. In der linken Fotografie dagegen ist der Oberkörper der Frau eindeutig erkennbar, während über ihrem Kopf eine Explosion auratischer Energie stattfindet. Eine derart scharfe Aufnahme soll von guter Gesundheit und einer extrovertierten Persönlichkeit zeugen.

Im Digital-Zeitalter wissen viele nicht mehr, daß Polaroid-Abzüge je nach der Geschwindigkeit, mit der sie entwickelt werden, ihre Farbe verändern. Entsprechend können sie absichtlich manipuliert werden oder – in den Händen eines unerfahrenen Fotografen – vollkommen willkürlich mal so, mal so ausfallen. An der korrekten Deutung von Auren scheiden sich sowieso die Geister. Esoterik-Magazine warten oft mit einem ganzen Spektrum widersprüchlicher Deutungen für eine einzige Farbe auf. Konstante Verbindungen zwischen Körper, Seele und Farbe finden sich nur in den hinduistischen Chakras.

„Über ihrem Kopf ist eine Explosion auratischer Energie zu sehen“

Geisterflecken über Avebury

ORT: Avebury (Wiltshire), England
DATUM: 1990er Jahre

Häufig werden diese scheibenförmigen Geisterflecken als optischer Effekt der Digitaltechnik abgetan. Dabei gibt es Menschen, die sie mit dem bloßen Auge gesehen haben wollen – was alle skeptischen Erklärungen in der Tat Lügen strafen würde. Zugegebenermaßen nahmen die Augenzeugenberichte über derartige Phänomene mit der Verbreitung der Digitalfotografie in den neunziger Jahren zu. Weitere digitale Aufnahmen entstanden 1994 bei dem Wirtshaus „Red Lion" ganz in der Nähe.

Zweiflern zufolge soll es sich um natürlich Partikel wie Staubkörner oder Wassertröpfchen handeln, die durch den Einsatz von Blitzlicht und die Digitaltechnik dramatisch vergrößert erscheinen. Verfechter einer paranormalen Erklärung halten dagegen, daß die mit dem bloßen Auge sichtbaren Kreise ebenfalls fotografisch und filmisch aufgezeichnet worden seien. Ihre Entstehung führen sie auf die unterschiedlichsten Ursachen zurück – von Geistererscheinungen bis hin zu ebenjenen unbekannten übernatürlichen Energien, wie man sie an einem magischen Ort wie dem Steinkreis von Avebury erwarten würde, der allemal einen Abstecher wert ist.

„Übernatürliche Energien, wie man sie an einem magischen Ort erwartet"

Bilder aus dem Jenseits

ORT: Chelmsford (Essex), England
DATUM: 1960er Jahre

Auf einmal erschienen die glücklichen Gesichter von Geistern auf angeblich unbenutzten Fotoplatten. Manchmal waren auch einzelne Körperteile zu sehen oder ein Gebäude, das später in St. Albans (Hertfordshire) identifiziert werden konnte. Die erstaunten Empfänger dieser vermeintlichen Bilder von der anderen Seite gehörten einer Gruppe von Spiritisten an, die in den sechziger Jahren regelmäßig zusammenkam. Der Begriff „Skotographie" (griech. für „Dunkelschrift") zur Beschreibung dieses Phänomens, daß während einer Séance Bilder auf unbenutzten Fotoplatten bzw. in jüngerer Zeit auf Film erscheinen, geht auf die 1927 verstorbene Felicia Scatcherd zurück. Dank der Schenkung von Cyril Permutt sind viele der Chelmsforder Skotographien heute im Besitz der Society for Psychical Research. Daß sich dort, wo früher jenes Gebäude in St. Albans stand, inzwischen ein Laden befindet, der Permutts Sohn gehört, muß man wohl als unerklärlichen Zufall bezeichnen.

Skotographien neueren Datums entstanden beispielsweise in Scole (Norfolk). 1982 berichtete der paranormale Ermittler James Randi, er habe einen Skotographen mit einem Trick dazu gebracht, während einer Séance Materialien zu tauschen, und dabei entdeckt, daß der betreffende Film bereits vorbelichtet worden und darauf ein vermeintliches Geistergesicht auszumachen war. Was die hier abgebildete Skotographie angeht – könnte es sich nicht einfach um belichtetes und aussortiertes Filmmaterial handeln, um eine Fotoplatte, die zudem durch Alter, Feuchtigkeit oder Lichteinfall beschädigt wurde? So ließe sich auch erklären, wie das Gebäude in St. Albans unter die Chelmsforder Bilder geriet.

„Die Erscheinung von Bildern auf unbenutzten Fotoplatten wird ‚Skotographie' genannt"

Was ist mit Tinkerbell los?

ORT: Penrith (Cumbria), England
DATUM: 1994

Verfügen manche Tiere über Sinne, die uns Menschen abhanden gekommen sind? Diese Fotografie zeigt Tinkerbell im Bann einer merkwürdigen energetischen Kraft, von der Bunty offensichtlich unberührt bleibt. Als das Negativ und der Abzug der Society for Psychical Research zugeschickt wurden, lautete die Frage: „Halten Sie das für eine von der Kamera verursachte optische Täuschung oder aber für ein paranormales Ereignis?" Ein zu Rate gezogener Fachmann sagte, er habe den Effekt der roten Linien auch anderswo gesehen, aber „niemals zusammen mit einer Verzerrung des Bildes wie hier beim Gesicht der Katze ... Wenn es dafür eine natürliche Erklärung gibt, ist sie mir jedenfalls nicht bekannt."

„Nicht umsonst gelten Katzen als gute oder auch schlechte Omen"

Die Umstände, unter denen diese Aufnahme entstand, sind unklar, dabei wäre es nützlich, etwas über sie zu wissen. Ob das Kind auf dem Sofa die Katzen wohl geneckt oder mit ihnen gespielt hat? Wenn man sich mit einer paranormalen Erklärung nicht zufriedengeben will, erscheinen die Alternativen wenig plausibel; es wäre schon ein bemerkenswerter Zufall, wenn genau an der Stelle, wo Tinkerbell ihren Kopf zur Seite neigt, ein Problem bei der Belichtung oder Entwicklung des Films einen solchen Effekt verursacht hätte. Solche Zufälle können nicht ausgeschlossen werden, aber sind sie wirklich wahrscheinlicher als die Möglichkeit, daß die Kamera ein unerklärliches paranormales Ereignis eingefangen hat? Nicht umsonst gelten Katzen schon seit alters her als gute oder auch schlechte Omen. Die Ägypter hielten sie gar für heilig, ja gottgleich – wer weiß, vielleicht wußten sie mehr über Katzen, als man heute ahnt ... immerhin ist immer noch nicht genau geklärt, wie die Pyramiden entstanden sind!

EBENBILDER – ALLES NUR ZUFALL?

Als Simulacrum wird etwas bezeichnet, das eine oberflächliche Ähnlichkeit zu etwas anderem aufweist. Im folgenden Kapitel sind Beispiele dokumentiert, die vermutlich keine paranormale Ursache haben, die aber in dramatischer Weise die Grenzen des Glaubwürdigen überschreiten. Jeder Mensch hat wohl schon die Formen zu deuten versucht, die er in Flammen oder Wolkenformationen auszumachen meinte. Kinder glauben an den Mann im Mond und fürchten sich vor den unheimlichen Märchenfiguren, die sie in dunklen Winternächten in den Bäumen sehen. Dieser innere Drang, Dingen, die sich unserem unmittelbaren Verständnis entziehen oder nicht eindeutig als gut oder schlecht erkennbar sind, eine Bedeutung zu verleihen, dient als Grundlage für den in der psychologischen und psychiatrischen Forschung angewandten Rorschach-Test. Welche Formen eine Testperson in den Tintenklecksen identifiziert, hängt von gewissen Persönlichkeitszügen ab, und ob die Deutungen sachlich-nüchtern oder eher bizarr ausfallen, sagt etwas über den jeweiligen Gemütszustand aus. Offen bleibt dabei die Frage, ob solchen Formen und ihren Bedeutungen ein paranormales Element innewohnt – und wenn ja, ob sich daraus hilfreiche Botschaften für den Lebensalltag ziehen lassen.

Berichte über die Erscheinungen religiöser Figuren wie Jesus oder der Jungfrau Maria sind zuhauf überliefert, und so verwundert es kaum, daß sie auch in Fotografien auftauchen. Wer für eine Zusammenstellung wie diese ein Bild von Jesus sucht, hat die Qual der Wahl, bei seiner Mutter ist die Auswahl kaum geringer. Interessant daran ist, daß die Simulacra der Jungfrau Maria von innen zu leuchten scheinen, als strahle in ihnen ein heiliges Licht.

Besonders bezaubernd ist jenes Foto, auf dem das Gesicht eines Cherub aus einem Brautstrauß herausschauen soll. Von Gemälden in Kirchen, Kunstmuseen und Büchern hat der Betrachter zweifelsohne eine bestimmte Vorstellung davon, wie ein Cherub aussieht. Durchaus möglich, daß das menschliche Gehirn auf eine ihm unverständliche Form reagiert, indem es eine möglichst beruhigende Deutung liefert. Ob Cherubim nun tatsächlich existieren oder nicht – jedenfalls ist es ein anrührendes Bild, das immer ein Lächeln auf die Lippen des Betrachters zaubert. Erstaunlich, mit welch einem Detailreichtum die Gesichtszüge gestaltet scheinen. Und doch handelt es sich ebenso eindeutig um Blütenblätter und die Schatten zwischen ihnen. Gewiß ist dies reiner Zufall, aber was für ein Zufall! Daß dieses Bild die Herzen und Gemüter bewegt, läßt sich nicht leugnen.

Die Bélmezer Gesichter lassen sich kaum als zufällige „optische Täuschung" abtun. Erstmals erschienen sie 1971 im Zementboden eines Häuschens in Andalusien. Sie wurden umfassend fotografisch dokumentiert und zahlreichen Tests unterzogen. Letztlich konnte keine Einigkeit darüber erzielt werden, wie eine derartige Täuschung hätte bewerkstelligt werden sollen. Womöglich handelt es sich also tatsächlich um ein paranormales Phänomen – die Entscheidung darüber liegt ganz im individuellen Ermessen. Wer die Existenz übernatürlicher Kräfte kategorisch ausschließt, wird an Betrug oder reinen Zufall glauben – wer sie aber für möglich hält, wird hier paranormale Energien am Werk sehen.

Die einfachste oder beruhigendste Erklärung muß nicht immer die richtige sein, wenn es um die Erforschung des Paranormalen geht.

Die Madonna im Brunnen

ORT: „Center Parcs"-Erlebnispark in Norfolk, England
DATUM: ca. 1995

Kein Wunder, daß diese bemerkenswerte Fotografie seinerzeit für eine Sensation sorgte. Die Silhouette im Brunnen ist eindeutig als Madonna mit Kind zu identifizieren. Die Konturen des Gewandes scheinen ebenso unverkennbar wie ihre außerweltliche Strahlkraft. Und der in Windeln gewickelte Säugling auf ihrem Arm erscheint durchsichtig, übernatürlich, genau wie man sich das Jesuskind vorstellt.

> „Das Gewand scheint so unverkennbar wie ihre außerweltliche Strahlkraft"

Fließendes Wasser wird häufig mit angeblichen Geistererscheinungen in Verbindung gebracht, zumal mit religiösen Figuren. Die Symbolik der Reinigung, sprudelnde Klarheit und harmonische Wellenbewegungen lassen einen derartigen Anblick viel natürlicher wirken, als es etwa bei einem Gespenst auf dem Friedhof der Fall wäre. Hier könnte es sich tatsächlich um eine seltene Aufnahme einer Marienerscheinung handeln. Andererseits kommt es immer wieder vor, daß das menschliche Gehirn sich selber hinters Licht führt, indem es etwas ihm Unverständliches in eine wohlvertraute Form übersetzt. Auf diese Weise versucht es, Angst, Spannung und unbegründetes Mißtrauen zu bewältigen und dadurch Ordnung in das Chaos der Sinneseindrücke zu bringen.

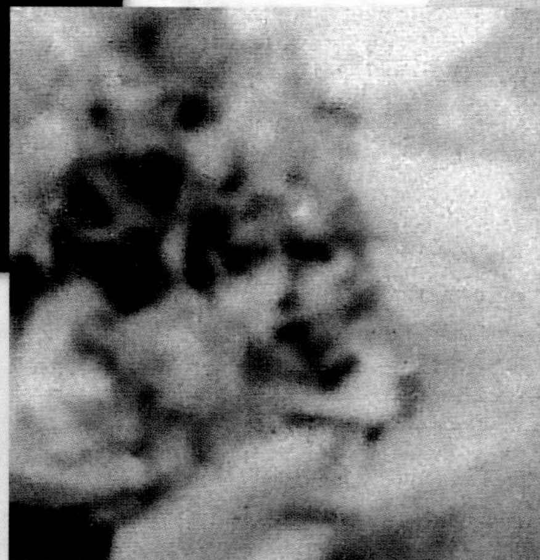

Sag es mit Blumen

ORT: unbekannt
DATUM: 1960er Jahre

Wenn man dieses Bild bei einem Vortrag über ungewöhnliche Fotografien ohne einleitenden Kommentar zeigt, entdecken es zwar nicht alle, aber doch die meisten Zuschauer auf den ersten Blick: das süße Engelsgesicht, das aus dem Brautstrauß herausschaut. 1980 schickte die besorgte Tante des Mädchens das Bild dem bedeutenden paranormalen Ermittler Cyril Permutt zu. Permutt beschwichtigte sie mit den Worten, er halte das Bild keinesfalls für „bedrohlich", fügte aber hinzu, „diese Fotografie zeigt Anzeichen eines übernatürlichen oder paranormalen Einflusses". Wer würde auch auf die Idee kommen, den Anblick des kleinen Cherub als unangenehm oder gar bedrohlich zu empfinden? Vielmehr sehen die Betrachter darin etwas Heiliges, wie es Engeln ja im allgemeinen zugeschrieben wird. Insofern ist die Braut ein erfreuliches Gegenstück zu den eher unheimlichen Bildern in diesem Band. Mehr Bilder von angeblichen Engelserscheinungen finden sich im Internet unter angelsghosts.com.

Ob an jenem Freudentag tatsächlich ein winziges Engelsgeschöpf zwischen die Blüten des Brautstraußes geschlüpft war, läßt sich nicht mit Gewißheit sagen. In jedem Fall eignet sich dieses Bild hervorragend als Beispiel für ein Simulacrum; eine oberflächliche Ähnlichkeit, die rational nicht ohne weiteres zu erklären ist. Und nicht zuletzt macht sein Anblick immer wieder viele Menschen glücklich.

„Diese Fotografie zeigt Anzeichen eines übernatürlichen Einflusses"

Die Jungfrau in der Baumkrone

ORT: in der Nähe von Metz (Elsaß), Frankreich
DATUM: unbekannt

Hoch oben im Baum zur Linken der Kirche ist eindeutig eine gewandete Figur zu erkennen, die aussieht wie die Jungfrau Maria. Dabei wurde nie behauptet, daß es sich um eine körperliche Erscheinung der Muttergottes handelte, sondern vielmehr um eine Vision. So wird das Bild eher als Inspiration denn als Devotionalie im eigentlichen Sinn betrachtet. Obwohl Marienerscheinungen häufig vorkommen, gibt es kaum Fotografien von ihnen (ein weiteres Beispiel aus dem ungarischen Karácsond findet sich auf Seite 89). Neben Lourdes gilt Medjugorje in Kroatien als berühmtester Schauplatz einer solchen Erscheinung – zu beiden gibt es keine fotografischen Belege, dafür aber eine umfangreiche Literatur. 1997 berichtete die *Fortean Times* auch über eine Marienerscheinung in einem Baum im kalifornischen Watsonville.

Die römisch-katholische Kirche begegnet derartigen Visionen zumeist mit großer Skepsis, und für eine päpstliche Anerkennung sind unwiderlegbare Beweise erforderlich. Zumeist wird die stereotypische Ikonographie der verschleierten Jungfrau Maria mit Jesus auf dem Arm in Höhlen und sonstigen Gesteinsformationen oder auch im Wasser gesichtet (siehe Seite 53). Eine Erklärung lautet, daß ihr Bild leichter zu identifizieren ist als etwa das von Josef – bei genauerem Hinsehen könnte es sich freilich genausogut um ihn oder um irgendeine andere biblische Figur handeln. Man beachte, wie die Gestalt sich rechts gegen die Kirchenwand und links gegen den Baumstamm abzeichnet – ein unerhörter Zufall, der sich allein durch den Standpunkt des Betrachters ergibt. Um so bemerkenswerter erscheint es, wie schön die Falten ihres Gewandes im Geäst zu sehen sind.

„Es gibt kaum Fotos von Marienerscheinungen“

Gegen Geister hilft kein Putzmittel

ORT: Bélmez de la Moraleda (Andalusien), Spanien
DATUM: 23. August 1971

Diese Bilder sind vollkommen unerklärlich, und ihr Anblick dürfte kaum einen Betrachter kalt lassen. Immerhin gelten sie als „das bedeutendste paranormale Phänomen" des 20. Jahrhunderts. 1971 machte Doña Maria Gómez Pereira eine erstaunliche Entdeckung. Im Zementboden ihrer Küche in dem andalusischen Dorf Bélmez sah sie ein Gesicht, das ihren Blick erwiderte. Es sah aus wie gemalt, ließ sich aber durch Kratzer nicht beschädigen. Um das verstörende Bild zu entfernen, brach ihr Sohn Miguel den Fußboden auf und trug eine neue Zementschicht auf. Innerhalb von einer Woche war das Bild zurückgekehrt. Der Vorfall erregte soviel Aufsehen, daß der Bürgermeister das Gesicht ausheben und hinter Glas zur Schau stellen ließ. Bald zog es Hunderte von Besuchern an. Allmählich kamen weitere Gesichter zum Vorschein. Derweil förderten Ausgrabungen menschliche Knochen zutage – unter der Straße lag offensichtlich ein alter Friedhof. Keines der insgesamt achtzehn Bilder, die im Laufe der folgenden Monate gezählt wurden, ließ sich abkratzen oder mit Reinigungsmitteln abwaschen. Daß einige von ihnen sich weiter veränderten, nachdem man sie mit einem durchsichtigen Schutzfilm abgedeckt hatte, galt als Beweis für ihren paranormalen Ursprung.

„Ausgrabungen förderten Knochen zutage, die offenbar aus einem alten Friedhof stammten"

Die Gesichter von Bélmez sind gründlichst erforscht und untersucht worden. Dabei wurden zwar Pinselspuren entdeckt, ob sich Farbe nachweisen läßt, gilt jedoch als strittig. Die vorherrschende Annahme lautet, daß hier lichtempfindliche Chemikalien wie das in der traditionellen Fotografie verwendete Silbernitrat zum Einsatz kamen, die eine atomische Verbindung mit der Struktur des Zements eingingen. Das würde das allmähliche Erscheinen und Verblassen der Bilder erklären. Bislang ist es der Wissenschaft allerdings nicht gelungen, eine überzeugende, allgemein akzeptierte Lösung aufzubieten. Vielleicht gibt es ja keine?

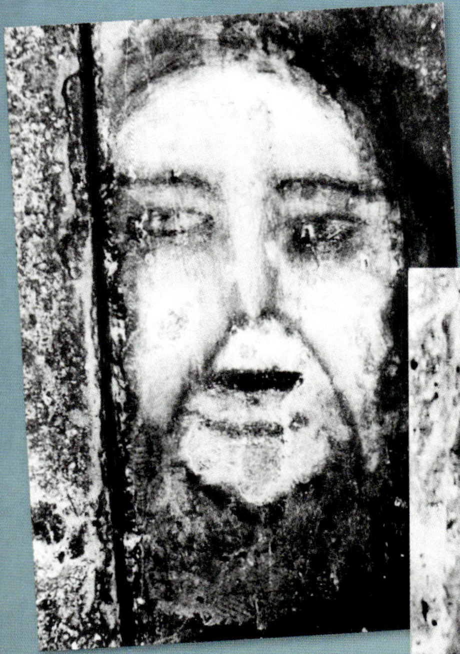

Christus im Schnee

ORT: Schweizer Alpen
DATUM: 1958

Der Fotograf, der dieses Bild machte, war Atheist, bis er eines Tages den seltsamen Drang verspürte, ein Foto durchs Flugzeugfenster zu knipsen. Das Ergebnis bekehrte ihn über Nacht zum Glauben. Das stilisierte Christus-Bildnis aus Schnee und Felsen ist sicherlich ein erstaunliches Simulacrum, dessen mystische Qualität sich nicht ohne weiteres ignorieren oder vergessen läßt. Entsprechend kürte das Sonntagsblatt *Sunday People* dieses Foto, das erstmals 1958 erschien und 1965 wieder aus dem Archiv geholt wurde, 1977 anläßlich seiner fünftausendsten Ausgabe zum „berühmtesten Bild, das wir jemals veröffentlicht haben".

„Das Foto bekehrte ihn über Nacht zum Glauben"

Die Boulevardpresse druckt gerne solche umstrittenen Bilder ab, ohne irgendeine Verantwortung für ihre Authentizität zu übernehmen. Sie erregen Aufsehen, was der Auflage zugute kommt, und zu ihrer Verteidigung führen die Medien an, schließlich sei es jedem Leser selbst überlassen, die Fotos für echt zu halten oder eben nicht. Wie bei den meisten Bildern in diesem Kapitel läßt das, was über die Umstände seiner Entstehung bekannt ist, auch in diesem Fall nicht unbedingt auf eine übernatürliche Erscheinung oder Vision schließen. Bestimmt handelt es sich um einen Zufall – eine optische Täuschung, einen Lichteffekt. Indes wird man kaum bestreiten wollen, wie wundersam ein solcher Zufall doch ist.

Heiter bis heilig

ORT: Chiang Mai, im Norden Thailands
DATUM: 1994

David Shurville bemerkte die elefantenförmige Wolke erst auf dem entwickelten Foto. Aus der Sicht eines am Buddhismus und an paranormalen Erscheinungen interessierten Menschen befand sie sich an der idealen Stelle: genau über dem goldenen Chedi (Turm) der Pagode eines bedeutenden Tempels, der von massiveren geschnitzten Elefanten getragen wird. Ein heiligeres oder günstigeres Vorzeichen wäre kaum vorstellbar. Denn vor der Geburt des Buddha soll seine Mutter von einem weißen Elefanten geträumt haben, weshalb die Dickhäuter in dieser Religion als Glückssymbole gelten. Die Geburt eines weißen Elefanten ist ein ganz besonders segensreiches Ereignis, und in Thailand gehen diese seltenen Tiere immer in den Besitz des Monarchen über.

Seit jeher haben die Menschen Formen und Gestalten in den Wolken entdeckt. So zeigt ein Gemälde aus Piero della Francescas „Léger de de la Croix"-Serie von 1460 eine Wolkenformation, in der manche Betrachter Ufos zu sehen glauben. Die *Fortean Times* bringt regelmäßig Bilder von Wolken, die ihre Leser nach eigenem Gutdünken als gute oder schlechte Omen deuten. Was man davon hält, hängt davon ab, ob man an die Existenz einer anderen Welt glaubt, die bisweilen die trennenden Schleier durchteilen kann; entweder, um uns zu warnen oder zu ermutigen. Wie tröstlich, wenn es so wäre – und immerhin spricht genausoviel dafür wie dagegen!

„Ein günstigeres Vorzeichen wäre kaum vorstellbar"

Geist beim Purzelbaum

ORT: Kirche in Lavardin, bei Vendôme, Frankreich
DATUM: September 1990

Das formlose Gespenst ist merkwürdig genug – wenn man das Bild aber umdreht, sieht es noch eindeutiger wie ein Mensch aus, vielleicht sogar ein Engel, der gerade einen paranormalen Purzelbaum schlägt. Laut dem Fotografen, einem Herrn Culley, stammt dieser Schnappschuß aus einer Fotoserie, die er zum selben Zeitpunkt aufnahm. Er wurde Dr. Vernon Harrison zugesandt, einem Fachmann für anomale Fotografien und ehemaligen Vorsitzenden der Royal Photographic Society. In dessen Gutachten heißt es:
„Die ‚Wolken' befinden sich eindeutig innerhalb des Bildausschnitts und wurden nicht durch das Eindringen von Licht in die Filmkassette verursacht. In allen übrigen Bildern ist das Verhalten von Film und Kamera völlig normal. Die Struktur der ‚Wolke' deutet keineswegs darauf hin, daß sie durch Lichtspiegelungen innerhalb der Linse oder der Kamera entstanden ist ... Unachtsamkeit beim Entwickeln würde nicht die Qualität einer einzigen Aufnahme beeinträchtigen, während alle anderen makellos sind."

„Für diese Anomalie läßt sich kaum eine rationale Erklärung finden"

Tatsächlich läßt sich kaum eine rationale Erklärung für diese Anomalie finden. Der Gedanke liegt nahe, daß sie irgendwie durch Licht verursacht wurde, das durch das obere Fenster strömte. 2007 kam ein Betrachter auf die Idee, es könne sich schlicht um ein in der Luft schwebendes Papiertaschentuch oder etwas Ähnliches handeln, das der Fotograf nicht bemerkt hatte. Wie dem auch sei, jedenfalls ist es bei dem Bemühen, etwas Rätselhaftes zu erhellen, wenig hilfreich, dem Bild einen Titel wie „purzelnder Geist" zu geben. Schon der Gegenstand als solcher weckt bestimmte Erwartungen, und die Genugtuung, die darin liegt, genau das zu finden, was man sucht, wird sowohl durch unser Bewußtsein als auch durch unser Unbewußtes bestärkt. Wenn jedoch ein pfiffiger Titel uns daran hindern sollte, genauer hinzusehen oder weiterzudenken, wird das Geheimnis im Dunkeln bleiben und sich uns niemals erschließen.

Jesu Angesicht in Brixton

ORT: Methodistische Kirche in der Mostyn Road, Brixton, London, England
DATUM: 1948?

Ob man gläubiger Christ ist oder nicht – daß das Abbild eines männlichen Gesichts an der Wand stark an das Turiner Grabtuch erinnert, in das Christus angeblich nach seinem Kreuzestod gehüllt wurde, läßt sich kaum bestreiten. Diese Fotografie ging der Society for Psychical Research erst 1995 zu. Das äußerst knappe Anschreiben dazu ließ leider viele Fragen offen. Indes ging sein Verfasser das Thema sehr pragmatisch an und verzichtete auf jegliche Voranahmen oder Schlußfolgerungen. Anscheinend hatte der Fotograf keine religiösen Beweggründe, sondern dokumentierte einfach nur, was er sah.

Vermutlich stammt diese Aufnahme aus dem Jahr 1948. Die methodistische Kirche in der Mostyn Road mit ihren eindrucksvollen Türmen stand damals vor dem Wiederaufbau, nachdem sie im Zweiten Weltkrieg schwere Schäden davongetragen hatte. Dieser Teil der Wand oder Decke ist offensichtlich unversehrt geblieben und befindet sich oberhalb eines Vorhangs, der möglicherweise zum Altar gehört. Die Verfärbungen könnten durch Bombenschäden entstanden sein, vielleicht aber auch einfach durch Feuchtigkeit oder Schimmel.

„Das Abbild an der Wand erinnert an das Turiner Grabtuch“

Häufig sagt ein Deutungsvorschlag mehr über den Fotografen oder Reporter aus als über das Bild als solches. Wo ein Betrachter das Antlitz Jesu oder Gottes erblickt und womöglich sogar an eine persönliche Begegnung glaubt, sieht ein anderer einen Schimmelfleck. Mangels schlüssiger Beweise für die eine wie die andere Überzeugung mag man einem gläubigen Christen nicht widersprechen, wenn er das Bild lieber als Zeichen einer heiligen Präsenz deutet.

ORT: unbekannt
DATUM: 1990er Jahre?

Engel, Geister oder Gespenster können überall erscheinen – allerdings ist ein Keller ein eher ungewöhnlicher Aufenthaltsort für einen Engel. So aber wurde dieses Bild auf einer Internetseite beschrieben, die sich angeblichen Engelserscheinungen widmet. Das Internet hat allerlei faszinierende Bilder zutage gefördert, von denen viele den Anschein echter Rätsel haben. Doch wenn wie so häufig jegliche Angabe zu Ort oder Datum fehlt, ist Vorsicht geboten. Hier ist im rechten unteren Viertel des Abzugs eine Figur zu sehen. Der Kreis, der ihren Kopf umgibt, erinnert stark an einen Heiligenschein, was vermutlich zu ihrer Identifikation als Engel beigetragen hat. Ein weißer Kragen deutet ebenfalls auf eine heilige Erscheinung hin, vielleicht auf eine Nonne. Mindestens ebenso interessant und erklärungsbedürftig erscheint der Nebel, der oberhalb der Figur sichtbar ist.

Skeptiker würden wohl eine praktische Erklärung anbieten, etwa daß das Gehirn eine Kombination aus Licht und Schatten in etwas übersetzt, das als menschliche Gestalt erkennbar ist. Diesen Vorgang bezeichnet man als Pareidolie, und er geht vermutlich auf das evolutionäre Bedürfnis zurück, andere menschliche Gesichter zu erkennen – angefangen bei der Interaktion mit den eigenen Eltern im Säuglingsalter. Genauso könnte eine Anomalie des Lichts oder eine Panne beim Entwickeln den seltsamen Effekt verursacht haben. Doch wer weiß – vielleicht sind plausible wissenschaftliche Erklärungen nur eine weitere Beschwichtigungsstrategie, damit sich unser Verstand nicht mit paranormalen Alternativen auseinanderzusetzen braucht. Das muß jeder für sich entscheiden.

„Ein weißer Kragen deutet auf eine heilige Erscheinung hin, vielleicht eine Nonne“

Körperlose Gesichter im Ozean

ORT: vom Deck der „SS Watertown", Pazifik
DATUM: Dezember 1924

Am 4. Dezember 1924 wurden die Leichen von James Courtney und Michael Meehan den Wellen übereignet. Sie waren an Bord des US-amerikanischen Tankers „SS Watertown" an austretenden Gasen erstickt. Es heißt, die Bilder der beiden seien zunächst am Rumpf des Schiffs erschienen. Später sollen mehrere Besatzungsmitglieder ihre körperlosen Köpfe im Wasser gesehen haben. Sie seien in etwa dreizehn Meter Entfernung jeweils bis zu zehn Sekunden lang aufgetaucht. Auf der Rückfahrt durch dieselben Gewässer nahm der Kapitän, Keith Tracey, eine Serie von sechs Fotografien auf. Ein Mitarbeiter der Reederei namens James Patton brachte den Film in New York zum Entwickeln. Auf einem der Bilder waren die Gesichter der beiden Männer zu sehen. Kamera und Film wurden von der Detektei Burns untersucht, die keine Spuren einer Manipulation feststellen konnte. Der paranormale Forscher Hereward Carrington mutmaßte, daß es sich um „Gedankengestalten" oder Gedankenfotografien handle, die durch Bilder in den Köpfen der Anwesenden entstanden seien.

„In dreizehn Meter Entfernung tauchten körperlose Köpfe auf"

Leider ist die Originalaufnahme verschollen, so daß jede Deutung des Bildes weitgehend Spekulation bleibt. Zu denken geben die starken Ähnlichkeiten zwischen den zwei Gesichtern mit ihren Schnurrbärten und schwarzen Augenhöhlen – aber vielleicht sahen zur damaligen Zeit viele Männer so aus. So unscharf, wie das Bild ist, scheint es durchaus möglich, daß Wellen oder Felsen diese Illusion erzeugt haben, aber auch diese Hypothese läßt sich nicht überprüfen, da niemand mehr weiß, ob die Erscheinungen in Küstennähe oder auf hoher See gesichtet wurden. Da zudem die Schilderungen dieser Begebenheiten weit auseinandergehen, wird diese Fotografie wohl ewig ein Rätsel bleiben.

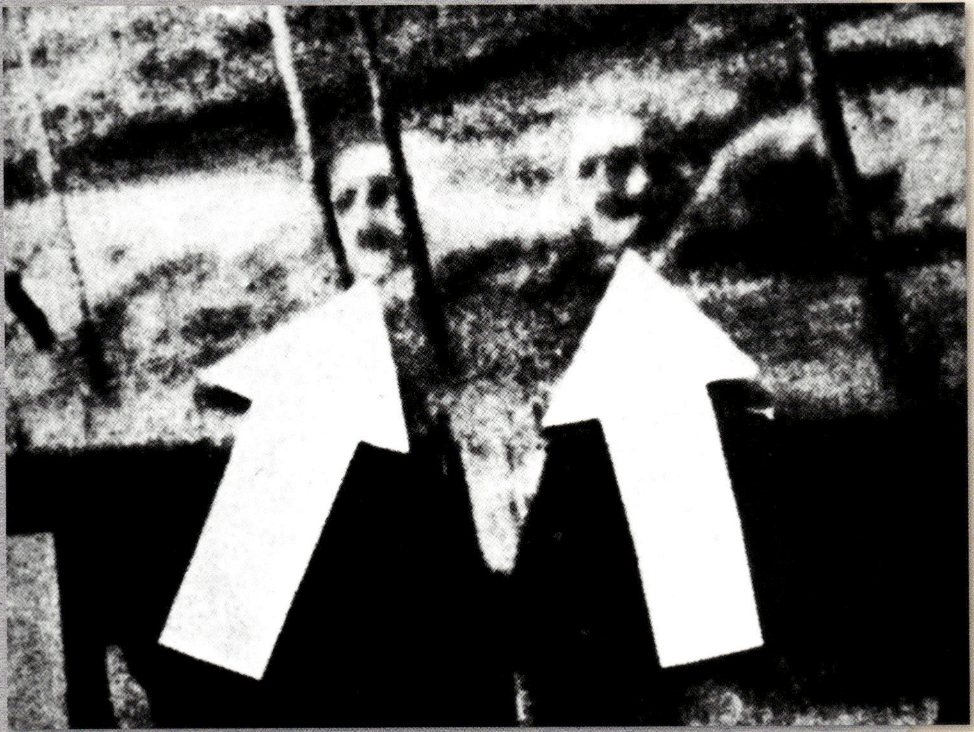

ALLTÄGLICHE ANOMALIEN

Die Mehrzahl der Bilder im folgenden Kapitel – und die Mehrzahl der besten „Geister"-Fotografien – wurden nicht etwa von Forschern aufgenommen, die sich an einem Ort, wo es spuken sollte, mit der Kamera auf die Lauer legten. In der Regel stammen sie von ganz normalen Menschen, die ganz alltägliche Dinge fotografieren wollten – Schnappschüsse von ihrer Familie und ihren Freunden. Erst hinterher fiel ihnen etwas Seltsames, eine Anomalie auf, das auf dem Bild nichts zu suchen hatte. Die Fotografien wurden dann zumeist an Organisationen wie die Society for Psychical Research geschickt und dort mitsamt den dazugehörigen Geschichten einer gründlichen Begutachtung unterzogen. Häufig – aber längst nicht immer – ergab sich dabei eine einfache Erklärung.

Viele der für diesen Band ausgewählten Bilder erscheinen hier erstmals in Druckform. Eindeutige Fälschungen sind nicht darunter, und die Angaben zum Ort und Zeitpunkt ihrer Entstehung sind so vollständig wie irgend möglich. Zur Klärung technischer Fragen wurden Berufsfotografen hinzugezogen, die immer wieder mit allerlei Erklärungen für seltsame Erscheinungen aufwarten konnten: eine unruhige Hand beim Abdrücken oder eine Bewegung vor der Linse; Unregelmäßigkeiten in der Beleuchtung, die auf dem Bild wie Nebel oder Lichtsäulen aussehen; Haare auf oder nahe der Linse; Staub oder Pollen in der Luft; schadhaftes Filmmaterial oder Fehler beim Entwickeln; ja, selbst Rauch oder Atem. Eine erstaunlich häufige Fehlerquelle ist das „Kameraschlaufen-Syndrom", wenn nämlich die Trageschlaufe vor der Linse herabhängt und auf dem Abzug als verschwommene Stelle zu sehen ist. Hinzu kommen absichtliche Täuschung, Verwechslung und mangelhaftes Erinnerungsvermögen – eigentlich ist es erstaunlich, daß überhaupt jemals ein Rätsel ungelöst bleibt!

Wer im eigenen Leben Zeuge einer anomalen, eventuell paranormalen Begebenheit wird, ist gut beraten, sie fotografisch festzuhalten. Um die erwähnten

Störfaktoren auszuschalten, sollte man die Kamera möglichst ruhig halten, kein Blitzlicht verwenden und darauf achten, daß weder Haare noch Zigarettenrauch oder die Trageschlaufe der Kamera die Fotografie beeinträchtigen. Maurice Townsend empfiehlt zudem, mehrere Aufnahmen zu machen, insbesondere wenn mit einer Polaroid- oder Digitalkamera gearbeitet wird, so daß die Resultate sofort zu sehen sind. So läßt sich die Anomalie entweder belegen – wofür jeder Forscher ungemein dankbar sein wird – oder aber als flüchtiges Augenblicksphänomen dokumentieren.

Sofern der Fotograf Zeit hat, die Aufnahme vorzubereiten, lohnt sich die Aufstellung einer zweiten Kamera. Simon Earwicker schlägt vor, zwei Kameras mit einem Kabelauslöser zu synchronisieren, eine mit Blitz und eine ohne. Im Idealfall sollte eine der Kameras ein Weitwinkelobjektiv haben. Auf diese Weise wird unmittelbar ersichtlich, ob die Anomalie durch einen technischen Defekt verursacht wurde. Auch eine optische Täuschung oder ein Lichteffekt kann ausgeschlossen werden, wenn zwei Fotografien dieselbe Anomalie aus unterschiedlicher Perspektive zeigen.

Dem geneigten Leser möge der in der Einleitung aufgeführte Fragenkatalog als Leitfaden nicht nur zum besseren Verständnis der folgenden Seiten dienen. Auch die eigenen Fotoalben und -kästen, CDs und Videofilme bergen oft so manche paranormale Überraschung.

Spuk auf dem Friedhof

ORT: Kirchhof bei St. Mary's, Prestbury (Gloucestershire), England
DATUM: 22. November 1990

Das Dorf Prestbury nahe Cheltenham gilt als bevorzugter Schauplatz für angebliche Geistererscheinungen und andere paranormale Ereignisse. Bereits 1981 lief es Pluckley in Kent als „Unheimlichstes Dorf" den Rang ab, und inzwischen katalogisiert eine von der BBC betriebene Internetseite die verschiedenen paranormalen Begebenheiten in Prestbury. Dieses Bild entstand, als ein Fotograf namens Derek Stafford die mit Flutlicht angeleuchteten Gräber bei der Kirche St. Mary's aufnahm. Obwohl er hätte schwören können, daß er mit den Toten alleine war, erschien beim Entwickeln auf dem allerletzten Dia eine Figur in einem schwarzen Umhang mit Kapuze – der Geist des Abts?

Wie Richard Jones in *Haunted Britain and Ireland* (2001) schreibt, wird der Schwarze Abt „am häufigsten an Weihnachten, Ostern und Allerseelen" gesichtet. Offenbar überquert der Geist zunächst den Friedhof, um dann durch die Mauern des Reform Cottage in der High Street zu verschwinden, von dessen Dachboden daraufhin Poltergeist-Aktivität zu hören ist. Weitere Schilderungen berichten von einem Klopfen an der Tür und von einem Geheimgang, der das Wohnhaus aus dem 16. Jahrhundert mit der Kirche verbindet und den Mönchen in schweren Zeiten wohl als Fluchtweg diente. Der Garten wurde möglicherweise als Friedhof benutzt, als das umliegende Land sich noch im Kirchenbesitz befand. Warum der Geist des Abts ausgerechnet hier umgehen soll, ist unklar – es sei denn, er fühlte sich diesem Stück Land in besonderer, ja überzeitlicher Weise verbunden.

„Der Geist überquert den Friedhof und verschwindet durch die Mauern des Reform Cottage"

Wie von Geisterhand berührt

ORT: Manila, Philippinen
DATUM: 2000er Jahre

Will diese geisterhafte Figur unbedingt mit aufs Bild? Fühlt sie sich den Mädchen in irgendeiner Weise verbunden? Die korrekten Größenverhältnisse und die Plazierung der Hand, die genau auf dem Arm des Mädchens liegt, machen eine versehentliche Doppelbelichtung unwahrscheinlich. Auf ihrem Spaziergang durch ein Neubauviertel von Manila baten die beiden philippinischen Busenfreundinnen einen Wildfremden, mit einem Mobiltelefon der Marke Nokia 7250 ein Erinnerungsfoto von ihnen zu machen. Zu ihrer Überraschung ist darauf eine gespenstische Figur zu sehen, die das Mädchen auf der rechten Seite am Arm zerrt. Die Aufnahme ging der Society for Psychical Research über die Ghost Research Society zu, die berichtete, keines der Mädchen habe damals etwas Ungewöhnliches bemerkt. Zudem „scheint es sich um einen recht freundlichen Geist zu handeln". Offensichtlich packt er sie nicht gerade sanft am Arm; wäre es ein Mensch aus Fleisch und Blut, würde man eine Reaktion ihrerseits erwarten. Über das Geschlecht des Phantoms gehen die Meinungen auseinander, doch sind sich die meisten Betrachter einig, daß es keine bösen Absichten hegt.

Daß sich mit einem Kamera-Handy Doppelbelichtungen erzeugen lassen, gilt als unwahrscheinlich. Allerdings wäre es für einen Computerprofi überhaupt kein Problem, eine digitale Aufnahme zu manipulieren. Um das Rätsel zu lösen, müßte man die Mädchen befragen. Aber wer sind sie? Sollte ein Leser Näheres über sie wissen, möge er sich doch bitte melden.

„Eine gespenstische Figur zerrt das Mädchen am Arm"

Ungebetene Geburtstagsgäste

ORT: Bromsgrove (Worcestershire), England
DATUM: 23. Februar 1993

Wer hat sich denn da zu den Feiernden gesellt? Eigentlich wollte Philip Fowler nur seinen Sohn Matthew fotografieren, der sich gerade anschickt, seine Geburtstagskerzen auszublasen. Über der Torte aber schweben körperlose Gesichter wie Totenmasken, die keinerlei Anteil an ihrer Umwelt zu nehmen scheinen. Fowler schickte die Aufnahme an die Society for Psychical Research mit der Bitte um Aufklärung, was es mit den Eindringlingen auf sich habe. Die Kamera, die er benutzte, war eine fokusfreie Hanimex 35 mm mit Blitzlicht und automatischer Vorspulfunktion. Die Lampen im Raum waren aus, damit die Kerzen besser zur Geltung kamen. Auf einem kurz zuvor bei elektrischem Licht aufgenommenem Bild waren keine ungewöhnlichen Figuren sichtbar. Eine Untersuchung der Negative gab keinen Aufschluß über die ungebetenen Geburtstagsgäste, und auch die Firma, die den Film entwickelt hatte, bestritt jegliche Pfuscherei oder Manipulation. Ein zu Rate gezogener Experte vertrat die Meinung, es könne sich um eine Spiegelung des Fernsehbildschirms handeln. Niemand aus dem Bekanntenkreis der Fowlers konnte die geheimnisvollen Eindringlinge identifizieren, und Matthew selber bemerkte an jenem Tag nichts Auffälliges.

„Über der Torte schweben körperlose Gesichter wie Totenmasken“

Viele Menschen empfinden diese Aufnahme als verstörend. Wenn die Schilderungen der Augenzeugen stimmen, dokumentiert diese Fotografie in der Tat etwas äußerst Seltsames, eine echte Anomalie. Neutrale Betrachter – Menschen, die weder an das Paranormale glauben, noch von vornherein die Möglichkeit ausschließen, daß unerforschte Phänomene existieren – reagieren auf dieses Bild mit Faszination, mitunter auch Beunruhigung. Es wäre hilfreich, wenn jemand den größeren Kopf identifizieren könnte.

Spuk auf dem Kalvarienberg

ORT: Grabeskirche, Jerusalem, Israel
DATUM: ca. 1990

Ein Besuch der Grabeskirche ist immer ein spirituelles Erlebnis. Sie wurde auf dem Kalvarienberg erbaut, nach christlichem Glauben der Kreuzigungsstätte Jesu. Doch wer rechnet schon damit, einen echten Geist auf Film zu bannen? Frau Thompson aus Dunstable in der englischen Grafschaft Bedfordshire glaubte eine gespenstische Nonne auf diesem Schnappschuß zu erkennen, den ihre Schwiegereltern nichtsahnend aus dem Urlaub mitgebracht hatten. Maurice Gross, der Vorsitzende des Ausschusses für Spontane Ereignisse bei der Society for Psychical Research, beantwortete ihre Anfrage folgendermaßen: „Der Wolkeneffekt könnte durch eine Doppelbelichtung aufgrund eines Kameradefekts verursacht worden sein ... Die Form jedoch ... scheint diese Annahme nicht zu rechtfertigen ... Am unteren Rand der ‚Wolke' ragen eindeutig zwei Schuhe mitsamt Schnürsenkeln hervor sowie etwas, was wie eine Hand oder ein Fuß in einer Vorwärtsbewegung aussieht ... auf dem unteren Teil des linken Schuhs liegt offenbar ein Schatten ... Dieser wolkenähnliche Effekt ist nicht unbekannt ... an Stätten von religiöser Bedeutung, aber ein solcher Detailreichtum ist äußerst ungewöhnlich ... auf jeden Fall handelt es sich um eine der sonderbarsten Formen, die ich je gesehen habe."

„Auf jeden Fall eine der sonderbarsten Formen, die ich je gesehen habe"

Auf den ersten Blick mag es scheinen, als sei eine Katze durchs Bild gehuscht. Bei genauerem Hinsehen jedoch fallen weitere Lichteffekte oberhalb der Erscheinung sowie der besagte Fuß und Schuh auf. Denkbar wäre auch, daß es sich um ein Zusammenspiel aus Licht und Staubpartikeln in der Luft handelt. Doch aus welchem Jahrhundert stammen die Schuhe – und warum sind solche Bilder „nicht unbekannt ... an Stätten von religiöser Bedeutung"? Der Kalvarienberg birgt mehr als nur ein Geheimnis.

Die Dame in Blau

ORT: Woodcroft, Boar's Hill, Oxford, England
DATUM: 20. Mai 1990

Zwischen diesen beiden Fotografien liegen nur Augenblicke. Hat sich auf dem zweiten die tote Großmutter des jungen Mannes zu dem Liebespaar gesellt? Seine Mutter, Frau Seligman, jedenfalls erkannte ihre Schwiegermutter sofort wieder, zumal sie auch zu Lebzeiten flache dunkle Schuhe, einen blauen oder blaugrauen Rock und ein Oberteil aus Wolle zu tragen pflegte. Der ehemalige Präsident der Royal Photographic Society, Dr. Vernon Harrison, sagte dazu folgendes:
„Mir fällt keine normale Erklärung ein ... Das ‚rock-ähnliche' Objekt hat eine dunkelblaue Farbe, die nirgends sonst in dem Bild vorkommt, und ist undurchsichtig ... Unter dem ‚Rock' schaut offensichtlich ein bloßer rechter Menschenfuß hervor, dessen Zehen klar zu erkennen sind ... ließe sich als die Figur eines Kindes oder einer kleinwüchsigen Frau deuten, die barfuß ist und einen beinahe knöchellangen dunkelblauen Rock und ein bläulich-graues Schultertuch trägt ... Ich glaube kaum, daß eine der üblichen Erklärungen (z. B. Doppelbelichtung, Lichteinfall, optische Täuschung durch die Schattenmuster usw.) hier zutrifft."

„Ich glaube kaum, daß eine der üblichen Erklärungen hier zutrifft“

Einem solchen Urteil aus dem Munde eines anerkannten Fachmanns ist kaum zu widersprechen. Aber welche andere Erklärung gibt es, wenn die Fotos keine technischen Probleme aufweisen und ihr Hintergrund bis auf die Figur in Blau identisch ist? Diese Frage muß jeder Leser selber beantworten.

Spielende Mädchen

ORT: nahe Beck Hole, North Yorkshire Moors, England
DATUM: 11. August 1982

Es sollte ein Schnappschuß von einem kleinen Mädchen werden, das an einem Bach spielte – heraus kam etwas weit Mysteriöseres. Nach der Entwicklung erschien – auf dem Negativ deutlich sichtbar – im Hintergrund mindestens ein weiteres Mädchen in einem viktorianischen oder edwardianischen Kleid. Der Vater der Kleinen am linken Bildrand machte dieses Foto an einem heißen Sommernachmittag, als außer seiner Tochter weit und breit keine Menschenseele zu sehen war. Auch sonst fiel ihm nichts Ungewöhnliches auf. Der Berufsfotograf und Paraforscher Cyril Permutt ließ die Aufnahme von einem Medium „lesen", das darauf neben der weißen Gestalt verschiedene Figuren „sehen" und genaue Datumsangaben machen konnte. Ob sie der Familie des Mädchens etwas sagten oder nicht, darüber liegen keine Informationen vor.

„Außer seiner Tochter war weit und breit keine Menschenseele zu sehen"

Die historischen Kostüme dieser ungewöhnlichen Erscheinungen entsprechen der Vorstellung, daß Geistererscheinungen sozusagen durch Risse im Gewebe der Zeit entstehen: Der Geist geht in seiner eigenen Zeit seinen Alltagsgeschäften nach und wird dabei aus irgendeinem Grund einen Augenblick lang für die Menschen einer späteren Zeit sichtbar. Das wäre eine so interessante wie logische Erklärung für traditionelle Gruselgeschichten etwa über Mönche und Nonnen, die in alten Klöstern gesichtet werden.

Gespenst auf dem Schulhof

ORT: ein Schulhof irgendwo in England
DATUM: Juni 1977

Als diese Schulkinder für ein Andenken an ihren Ausflug zum Silbernen Krönungsjubiläum der Königin posierten, konnten sie nicht wissen, daß ihr Erinnerungsfoto die Menschen dreißig Jahre später immer noch beschäftigen sollte. Denn hinter der Gruppe ist eindeutig eine Figur in einem grauen Kleid mit weitem Rock und breitem weißen Kragen zu sehen, die von rechts nach links durchs Bild huscht. Ihr braunes Haar trägt sie in einem Knoten am Hinterkopf. Diese Fotografie wurde ebenso wie mehrere andere vom selben Motiv mit einer Kamera der Marke Ilford Sportsman aufgenommen. Die Fotografin, eine Frau Gregory, war überzeugt, daß niemand hinter den Kindern vorbeilief, und ein zweites, unmittelbar zuvor entstandenes Bild scheint dies zu bestätigen.

„Hinter der Gruppe huscht eine Figur im grauen Kleid durchs Bild“

Daß der Effekt durch eine klemmende Blende oder eine Verwacklung zustande kam, hielt ein Experte für unwahrscheinlich – in diesem Fall wäre das Bild nicht nur an einer einzigen Stelle unscharf. Allem Anschein nach war der Himmel an jenem Tag wolkenverhangen, so daß die Belichtungszeit recht lang gewesen sein muß. Dennoch sind die Kinder alle mehr oder weniger scharf. Der Verdacht liegt nahe, daß tatsächlich eine fremde Person hinter den Kindern entlangeilte, die Fotografin sie aber durch den Sucher nicht wahrnahm. Freilich scheint die Figur recht altmodisch gekleidet – genau wie man sich eine Lehrerin aus früheren Zeiten vorstellt. Sowohl vorsätzliche Täuschung wie ein Versehen bieten sich als Lösungen an, ebenso ist aber eine paranormale Erklärung denkbar. Womöglich handelt es sich hier tatsächlich um den seltenen Anblick einer verstorbenen, aber immer noch nicht zur Ruhe gekommenen Lehrerin, die dazu verdammt ist, bis in alle Ewigkeit ein Auge auf die Kinder in ihrem Schulhof zu halten?

Die Madonna von Karácsond

ORT: Kirche in Karácsond, nahe Budapest, Ungarn
DATUM: September 1989

Diese Fotografie ist in ebenjener Kirche ausgestellt, in der sie aufgenommen wurde. Ganz offensichtlich sind Pfarrer Béla Kovács und seine Gemeinde überzeugt, hier sei ein echtes Wunder geschehen. Genauso wie unzählige andere Gläubige haben sie keinerlei Zweifel daran, was das Bild zeigt: die Jungfrau Maria. Manche glauben, sie halte ihren Sohn auf dem Arm, andere sehen ihn hinter ihr stehen. Die einen behaupten, ein Taxifahrer habe das Foto geschossen, die anderen sagen, es sei der Kunstrestaurateur Károly Ligeti gewesen. Dieser will mit eigenen Augen die Vision von einem Baugerüst aus gesehen haben. Wie der seinerzeitige Pfarrer bestätigte, stand in der Kirche keine Statue, die das Sonnenlicht hätte reflektieren und eine derartige Vision hervorrufen können.

„Eine gewaltige geistige Energie, die sich sogar fotografieren ließ“

Verschiedene Stellen, darunter die staatliche ungarische Presseagentur und das Independent UFO Network in Großbritannien, haben das Bild geprüft und keine Hinweise auf eine Manipulation gefunden. Die Kontroverse darum läßt sich in den Ausgaben der *Fortean Times* von 1994 und 1996 nachverfolgen. Die dort vertretenen Erklärungsversuche reichen von einer Ligeti angelasteten Täuschungsabsicht bis hin zu einem Kobold, der mit der Beleuchtung oder Entwicklung Schabernack trieb. Diejenigen, die an eine paranormale Ursache glauben, gehen davon aus, daß Ligeti aus religiöser Inbrunst eine gewaltige geistige Energie projizierte, die sich sogar fotografisch abbilden ließ. Die Parawissenschaftlerin Janet Bord schrieb in der *Fortean Times*, das Bild für eine eindeutige Fälschung zu halten, wäre „unangebracht und voreilig“.

Gruseliger Höhlenbewohner

ORT: Hugenotten-Höhlen, Ardèche, Frankreich
DATUM: Oktober 1986

Das gleißende ätherische Licht könnte alles mögliche sein, aber was ist mit der Hand, die daraus hervorragt? Früher dienten die Höhlen im Südwesten Frankreichs den Hugenotten – Protestanten, die unter Ludwig IX. verfolgt wurden – als Versteck. Wer überhaupt eine Antenne für derartige Dinge hat, wird ihre blutige und tragische Geschichte in den Höhlen förmlich riechen können. Frau Keighly wollte eigentlich nur ein paar Minuten lang in der unteren Höhle allein gelassen werden, um ungestört die von der Decke hängenden Stalaktiten zu fotografieren. Sie spürte oder sah niemanden. Ihre Bilder nahm sie mit einer „billigen Kodak-Diskettenkamera" auf und ließ sie von einem Fotografen in Milford-on-Sea im englischen Lymington entwickeln. Als sie die Anomalie bemerkte, wandte sie sich an die Society for Psychical Research. Dr. Harrison befand die Fotografie für „sehr merkwürdig". Die „Figur mit der Kapuze", so sein Urteil, könnte „eine von hinten gesehene gewandete Figur mit einer Kopfbedeckung nach arabischem Stil" sein oder auch „ein durch Lichteinfall verursachter Effekt". Freilich schienen ihm die Finger, die aus den Gewändern herausschauen und auf dem Geländer ruhen, gegen einen bloßen Lichteffekt zu sprechen. Dr. Harrison gelangte zu dem Schluß, die Fotografie sei als „unerklärlich" zu klassifizieren und somit eine eindeutige Anomalie.

> „Wer eine Antenne dafür hat, wird ihre blutige Geschichte förmlich riechen können"

Ein anderer Experte ist hingegen der Meinung, Frau Keighly müsse aus Versehen etwas fotografiert haben, was sich unmittelbar vor der Linse, vielleicht sogar in ihrer Hand befand. Das Blitzlicht in nächster Nähe habe bewirkt, daß der betreffende Gegenstand auf dem Foto weiß aussieht. Das klingt durchaus einleuchtend – aber wer will angesichts der Geschichte dieser Höhlen behaupten, daß die einfachste Erklärung immer die richtige ist? Und wieso soll es überhaupt eine arabische Kopfbedeckung sein? Könnte es sich nicht ebensogut um eine leuchtende Madonna von hinten handeln?

Ein Geist wie aus dem Bilderbuch

ORT: Haworth Moor (Yorkshire), England
DATUM: Februar 2004

Ist dieser Ort nicht zu malerisch, um wahr zu sein – und dann auch noch mit einem echten Geist? Oder ist es ein manipuliertes Bild, das sich erst in der Vergrößerung als Fälschung offenbart? Eine Frau Friar schickte es an die Society for Psychical Research und schrieb dazu: „[Meine Nichte] machte für ein Projekt für den Kunstunterricht mehrere Aufnahmen von Haworth Moor und bemerkte zu ihrer Überraschung beim Herunterladen der folgenden Bilder eine weitere Figur, die mit Sicherheit nicht dort war, als sie das Bild fotografierte … für mich ist das die ‚archetypische Figur im grauen Kapuzenumhang, die durch die Moorlandschaft wandert' (die Figur erscheint recht ätherisch im Vergleich zu dem Mann in Schwarz hinter ihr auf dem Weg) …"

„Die Figur erscheint recht ätherisch im Vergleich zu dem Mann in Schwarz"

Frau Friar und ihre kunstbeflissene Nichte fanden das Bild „eher unwirklich, aber trotzdem ziemlich faszinierend". Tatsächlich enthält es einige unerklärte oder unerklärliche Details, die verschiedene Deutungen zulassen. Hinter der unheimlichen Figur ist eine gezackte schwarze Diagonale zu sehen, über dem „echten" Mann in Schwarz eine weitere Linie, die aussieht wie ein Blitz und an seinen Händen zu enden scheint. Hinter ihm ist überdies eine seltsame braune Form zu sehen. Solche Verfärbungen oder Risse würde man auf einem alten Kunstdruck erwarten, aber nicht auf einem Digitalfoto. Womöglich hat die junge Künstlerin für ihr Projekt ein Digitalbild manipuliert, ohne ihrer Tante davon zu erzählen. Schaut man sich den vermeintlichen Mönch in der Vergrößerung an, sieht es ganz so aus, als sei er ebenso wie die Farne und Gräser mit ein paar Pinselstrichen hinzugemalt worden. Natürlich kann es genausogut sein, daß die Nichte die andere Figur in ihrem langen Wintermantel einfach übersehen hat. Aber wer weiß, vielleicht hat sie ja tatsächlich den Geist eines einsamen Mönchs fotografiert.

Unheimlicher Pilot

ORT: Fleet Air Arm Station, Yelverton (Somerset), England
DATUM: August 1987

Frau Sayer behauptete steif und fest, sie habe alleine in dem Hubschrauber gesessen, als dieses Bild gemacht wurde. Allerdings sei ihr aufgefallen, wie kalt es dort an diesem heißen Tag war. Ausnahmsweise gibt es zudem einen überzeugenden anderweitigen Beleg dafür, daß etwas nicht mit rechten Dingen zuging. Frau Sayer erzählte Maurice Grosse von der Society for Psychical Research nämlich folgendes: „Wir waren mit einem befreundeten Ehepaar da, und dieser Mann machte ein paar Minuten später ein Foto von seiner Frau, ohne Blitz, doch beim Entwickeln stellte sich heraus, daß nur dieses Bild von mir auf dem Film war, ansonsten war er unbelichtet." Der Hubschrauber konnte im Rahmen einer Ausstellung von Luftfahrzeugen aus dem Falkland-Krieg besichtigt werden. Informationen über seinen Einsatz auf den Falkland-Inseln unterliegen der militärischen Geheimhaltung, so daß sich nicht feststellen läßt, ob etwa jemand in ihm zu Tode kam. Dies wäre jedenfalls die einleuchtendste paranormale Erklärung.

Diese interessante Fotografie, die 1995 zum Vorschein kam, gibt auch Experten Rätsel auf. Ein hinzugezogener Berufsfotograf wollte sich nur insoweit festlegen, als er einen Lichteffekt als Ursache ebenso ausschloß wie verschüttete Chemikalien. Es bleiben also nur zwei Möglichkeiten. Entweder fälschten Frau Sayer und ihre Freunde das Bild aus irgendwelchen Gründen und warteten dann sieben Jahre lang, bevor sie es herumzeigten – oder es dokumentiert ein äußerst seltsames anomales Phänomen, sehr wahrscheinlich ein Gespenst. Oder ist es vielmehr ein Hirngespinst – ein Kurzschluß unseres Verstandes, den die Augen nicht ganz nachvollziehen mögen?

„Ein überzeugender Beweis, daß etwas nicht mit rechten Dingen zuging"

Gespenst beim Nickerchen

ORT: Rossal House, Sunbury-on-Thames (Surrey), England
DATUM: unbekannt

Die Frage liegt auf der Hand: Warum sollte jemand, der unter Versuchsbedingungen Gespenstern auflauert, einen Sessel fotografieren? Und die zweite Frage lautet: Warum sollte sich ein Gespenst in eine Decke hüllen? Angeblich entstand dieses Bild bei Experimenten, die der Erfinder und Elektro-Metallurg Sherard Cowper-Coles mit Admiral Moore, einem Mitglied des Ghost Club, durchführte. Es wurde bei Tageslicht im Wohnzimmer aufgenommen, wo ein Sessel mit einem Bezug aus rosa-weiß-gestreiftem Chintz beim Fenster stand. Niemand anders hielt sich in dem Raum auf, und die durchsichtige Figur konnte nie identifiziert werden. Cowper-Coles' Frau, die ebenfalls Wissenschaftlerin war, hatte das Gespenst, das angeblich in Rossal umging, nach eigenem Bekunden selber gesehen.

> „Sie hatte das Gespenst, das in Rossal umging, mit eigenen Augen gesehen“

Das Gesicht als solches ist schon faszinierend. Die aufgemalten Augenbrauen und blonden Locken erinnern an die gewagten Moden, mit denen junge Frauen in den 1920er und 1930er Jahren die Konventionen herausforderten (Cowper-Coles starb 1936). Oder doch eher an einen feinen Herren des georgianischen Zeitalters mit gepuderter Perücke? Wie dem auch sei, die Fotografie sieht ganz nach einer Doppelbelichtung aus; ließen sich solch ehrenwerte Herren aber wirklich zu einem derartigen Betrug herab? Genauso unwahrscheinlich erscheint es, daß sie nicht bemerkt haben könnten, wenn unter ihren sogenannten Versuchsbedingungen ein technisches Versehen passiert wäre. Außerdem hätten sie oder ihre Freunde das Gesicht doch bestimmt wiedererkannt, wenn es sich tatsächlich um eine noch lebende Person gehandelt hätte. Wer also ist diese Figur, die sich in Cowper-Coles' Sessel ausruht? Wann hat er oder sie wohl gelebt?

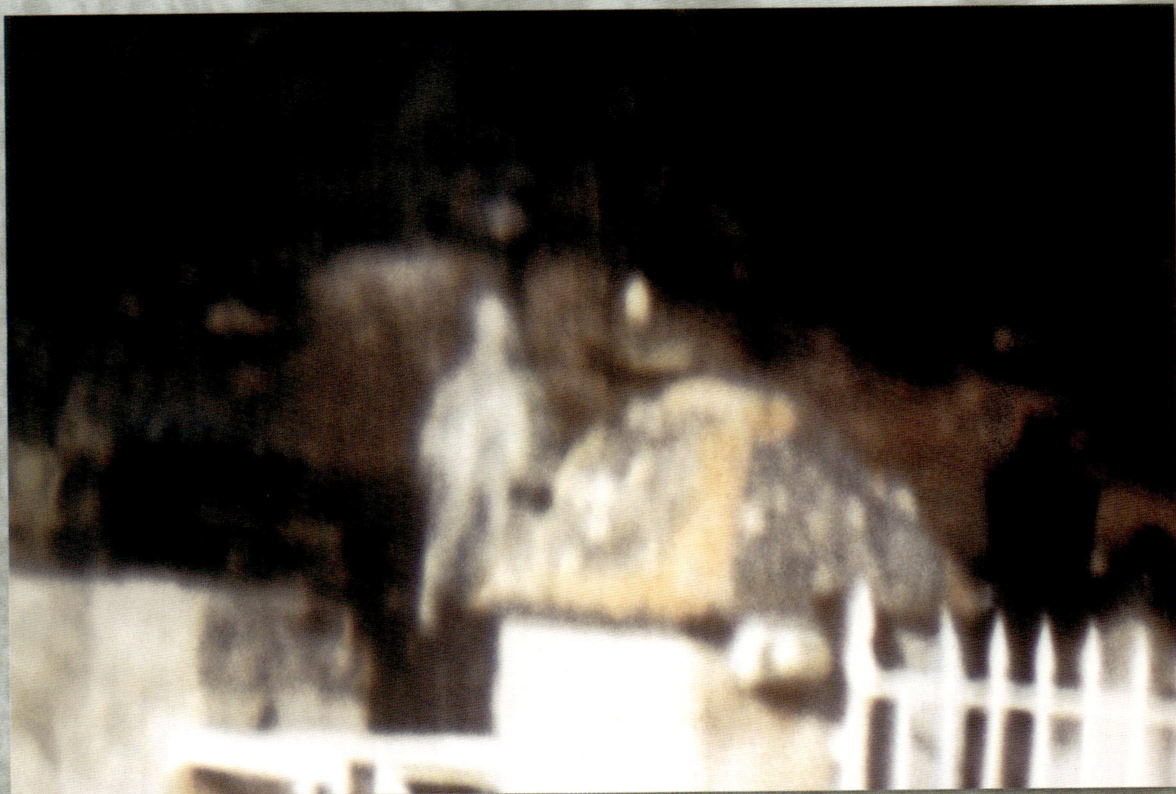

Der Geist im Galgenbaum

ORT: die Kirche in Cromdale (Morayshire), Schottland
DATUM: 9. Oktober 1976

In Hollywood-Filmen werden Geister zumeist als dunstige, undeutliche Formen dargestellt. Die meisten Fälle, die die Society for Psychical Research im Laufe der vergangenen 125 Jahre untersucht hat, sahen freilich aus wie du und ich, nicht anders als zu ihren angeblichen Lebzeiten. Was ist nun auf Frau Ramsays Foto von einem alten Baum bei der Kirche in Cromdale zu sehen? Der Ruf dieses Baums, der einst als Galgen diente, geht auf eine Schlacht zwischen den Grants und den Jakobiten zurück, und tatsächlich liegt in einem der Gräber ein Mitglied der Familie Grant.

„Das Grauen einer öffentlichen Hinrichtung könnte diese Erscheinung hervorgerufen haben“

Einer weitverbreiteten Überzeugung zufolge kann ein Tod, der von extremen Gefühlswallungen begleitet war, über viele Jahre hinweg unerklärliche Ereignisse auslösen. Das Grauen einer öffentlichen Hinrichtung könnte durchaus diese Erscheinung in Frau Ramsays Foto hervorgerufen haben. Das große Problem ist die mangelnde Schärfe der Aufnahme. Denn ebensogut könnte es sich um ein Simulacrum handeln, um etwas Unbekanntes, das aber so stark an etwas anderes erinnert, daß der Verstand es – ob zu Recht oder zu Unrecht – als vertraute Form wahrnimmt. Die verschwommene Gestalt könnte also lediglich eine optische Täuschung sein, aber sie ähnelt fatal einem Gehenkten mit über den Kopf gezogener Kapuze – jedenfalls, sofern man an Geister wie aus Hollywood-Filmen glaubt.

Bis daß der Tod euch scheidet

ORT: St. Botolph's-Kirche, Bishopsgate, London, England
DATUM: 15. Mai 1982

Eigentlich sollte Herr Brackley Fotos von einer Hochzeit machen. Da er und seine Frau sehr frühzeitig eingetroffen waren, bat er um Erlaubnis, das Innere der Kirche zu fotografieren. Aufgrund der schlechten Lichtverhältnisse benutzte er ein Stativ und stellte die Belichtungsdauer auf zehn Sekunden ein. Beide beharrten darauf, daß sich außer ihnen niemand in der Kirche befand und daß es keinerlei Hinweise auf etwaige Defekte ihrer Ausrüstung oder Fehler beim Entwickeln gibt. Anscheinend hatte eine seltsame gewandete Figur ihnen von der Empore am oberen rechten Bildrand aus zugesehen.

„Eine gespenstische Figur hatte ihnen von der Empore aus zugesehen"

Wie viele Kirchen in London blickt St. Botolph's auf eine tragische Geschichte zurück. Ungezählte namenlose Opfer der Pestepidemie von 1665 wurden hastig auf ihrem Friedhof verscharrt. Da eine Hochzeit kurz bevorstand und die gespenstische Figur ein langes Gewand zu tragen scheint, wäre es denkbar, daß einer der Kirchenältesten oder ein Chormitglied kurz hineinkam, den Fotografen bemerkte und die Empore schnell wieder verließ, um ihn nicht bei der Arbeit zu stören. Wie hätte er wissen sollen, daß er im Visier der Kamera war? Sollte es sich um vorsätzliche Täuschung handeln, wüßte ein Berufsfotograf wie Brackley wohl am besten, wie sich so etwas bewerkstelligen ließe. Man bedenke jedoch, was einige Jahre später geschah: Ein Handwerker kontaktierte Herrn Brackley, um ihm mitzuteilen, er habe im Zuge von Bauarbeiten in der Krypta von St. Botolph's versehentlich mehrere Särge verrückt. Einer sei dabei aufgegangen, und das Gesicht des Toten habe der Figur in Brackleys Bild ähnlich gesehen. Das klingt unglaublich, denn müßte ein Gesicht in einem Sarg nicht starke Verwesungsspuren aufweisen?

Von guten Mächten wunderbar geborgen

ORT: St. Austin's-Kirche, Merseyside, Liverpool, England
DATUM: 25. Juni 1994

Leistete Melanie Roberts' verstorbener Vater ihr am Tag ihrer Aufnahme in den Schoß der katholischen Kirche handfeste Unterstützung? In dem Schleier, der am rechten Bildrand hinter ihrem Rücken herabhängt, verbirgt sich eine Hand, die an einem Finger einen Ring trägt. Melanies Mutter Jean Roberts schickte diese Fotografie am 13. November 1994 an die Society for Psychical Research und schrieb dazu: „Die Kinder hatten gerade an ihrer ersten Heiligen Kommunion teilgenommen. Der Vater von Keith machte eine Reihe von Fotos. Auf diesem hier ist neben Melanie eine Hand mit einem Ring sichtbar. Niemand [doppelt unterstrichen] anders war zu diesem Zeitpunkt am Altar. Die Hand ist auf dem Negativ sichtbar. Ein Berufsfotograf hat sich Foto und Negativ angesehen und hat keine Erklärung ..."

„Neben Melanie ist eine Hand mit einem Ring sichtbar"

Bis heute blieb die Suche danach vergeblich. Eine vorsätzliche Täuschung läßt sich definitiv ausschließen, weil es dafür keinerlei Beweggrund gäbe, und eine Doppelbelichtung kommt in diesem Fall nicht in Frage. Daß jemand hinter dem Mädchen gestanden hat, etwa, um ihren Schleier oder ihren Kopfschmuck zurechtzurücken, scheint ebenfalls unmöglich. Er oder sie hätte sich zwischen die Kinder und das Geländer um den Altar zwängen müssen und wäre wohl kaum unbemerkt geblieben. Vielleicht ist ein Teil ebendieses Geländers durch den Schleier optisch verfremdet worden? Es kann immer vorkommen, daß die bei der Entwicklung eingesetzten Chemikalien Negative oder Abzüge verfälschen, doch entsteht dabei in aller Regel keine derart deutlich konturierte Form. Bleibt also nur noch der stolze Vater ... oder etwa nicht?

Geisterkopf in Feierlaune

ORT: Hotel „Vier Jahreszeiten", Maurach, Österreich
DATUM: 1988

Der paranormale Ermittler Maurice Grosse ist sich ganz sicher: „... vorsätzliche Täuschung kann vollkommen ausgeschlossen werden. Selbst wenn sich ein solcher Effekt überhaupt erzeugen ließe, hätten die Umstände, unter denen die Fotografie aufgenommen wurde, es unmöglich gemacht, die technischen Voraussetzungen dafür zu schaffen,." Wer ist also diese überdimensionierte Frau, deren Kopf und Schultern auf dem Tisch ruhen? Wie ist sie dort hingekommen? Das weiß bis heute niemand. Was man weiß, ist folgendes: Am letzten Abend eines gemeinsamen Urlaubs trafen sich vier Paare zu einer Abschiedsfeier. Drei weitere Personen gesellten sich hinzu. Herr Todd baute seine Kamera (eine Canon T50 mit einem Fuji-100-Farbfilm) auf einem Nachbartisch auf, stellte den Selbstauslöser mit einer Zeitverzögerung von zehn Sekunden ein und setzte sich wieder an seinen Platz. Die Blende öffnete und schloß sich wieder, und der Film wurde weitergespult, aber der Blitz funktionierte nicht (siehe kleine Abbildung). Er stellte die Kamera neu ein und machte ein weiteres Bild, diesmal mit Blitzlicht. Als die Bilder entwickelt waren, fiel einem der Abgebildeten plötzlich der überlebensgroße Kopf auf (siehe große Abbildung). Weder die Abteilung für Fotografie an der Universität Leicester noch die *Society for Psychical Research* oder die *Royal Photographic Society* hielt eine Doppelbelichtung für wahrscheinlich. Bislang hat sich auch niemand gemeldet, der den zusätzlichen Gast in der feuchtfröhlichen Runde wiederzuerkennen glaubte. Das Rätsel bleibt weiterhin ungelöst. Rätselhaft ist freilich auch, warum die Frauen auf der rechten Seite des Bildes offensichtlich aufgerückt sind, so daß der geheimnisvolle Kopf keine von ihnen verdeckt. Wenn es sich aber um eine absichtliche Doppelbelichtung handelte, stellt sich die Frage, wie es gelang, die Geisterfrau so akkurat zwischen den anderen Köpfen zu plazieren.

„Wer ist diese überdimensionierte Frau, deren Kopf und Schultern auf dem Tisch ruhen?"

Das Gespenst an der Orgel

ORT: unbekannt
DATUM: 1939

Liebhaber des Genres wissen, daß in Horrorfilmen mit Vorliebe gruselige Orgelmusik erklingt, die angeblich nicht von menschlichen Händen gespielt wird. Doch es gibt nur wenige Fotografien wie diese, auf denen tatsächlich ein Geist an der Orgel sitzt. Die Beteiligten gehören zu den bekanntesten Anhängern des Spiritualismus in der ersten Hälfte des 20. Jahrhunderts. Bertha Harris war ein berühmtes Medium, und Lady Conan Doyle machte sie mit dem paranormalen Fotografen William Hope bekannt. Dem Parawissenschaftler Cyril Permutt erzählte Frau Harris, die besten Fotografien von Geistern, die ihr während einer Séance erschienen, erziele sie, wenn ein Mann und eine Frau zusammenarbeiteten. Die Ergebnisse ihrer Arbeit mit Hope waren hervorragend. Wo dieses Bild entstand, ist nicht bekannt, wenngleich die Größe der Orgel auf eine Kirche oder einen größeren Saal hindeutet. Schwer zu glauben, daß ein Meisterdetektiv wie Sherlock Holmes, dessen Schöpfer Sir Arthur Conan Doyle über seine Frau in die Geschichte involviert war, auf eine Täuschung hereingefallen wäre.

„Die Beteiligten gehören zu den bekanntesten Anhängern des Spiritualismus“

Freilich sind William Hopes Geisterfotografien mittlerweile größtenteils als Fälschungen entlarvt worden, und seine Verbindung mit Frau Harris läßt natürlich den Verdacht einer Komplizenschaft aufkommen. Vielleicht handelt es sich schlicht und ergreifend um eine Doppelbelichtung. Nur weil es durchaus möglich ist, derartige Fotografien zu fälschen, darf man jedoch nicht davon ausgehen, daß es sich dabei in allen Fällen um Täuschungen handelt. Genausogut könnte dies auch eine echte Fotografie von einem gespenstischen Orgelspieler sein. Oder nicht?

New York

ADY DIANA
SHOWBOAT

Kopflos zwischen Di und Dee

ORT: an der Dee, Chester (Cheshire), England
DATUM: 1994

Der Name des Vergnügungsschiffs hat nichts zu besagen. Prinzessin Diana war 1994 noch quicklebendig, es handelt sich also nicht etwa um eine Botschaft aus dem Totenreich. Herr und Frau Lavender fotografierten das nach ihr benannte Schiff bei einem Tagesausflug nach Chester. Auf dem entwickelten Bild sahen sie zu ihrer Überraschung einen kopflosen Oberkörper. Daraufhin wurde es am 17. August 1994 in der *Liverpool Daily Post* abgedruckt. Eine Mutmaßung lautete, daß die betreffende Person sich vielleicht einfach vornübergebeugt habe, eine andere, daß die Bilder später überlagert wurden und es sich bei dem Oberkörper um eine Schneiderpuppe handelte.

„Warum hat sich keiner der übrigen Augenzeugen je gemeldet?“

Überzeugend ist keine dieser Erklärungen. Der Kopf müßte unnatürlich weit nach vorne gebeugt sein, um einen kopflosen Körper zu suggerieren. Die technologischen Hilfsmittel wiederum, die erforderlich gewesen wären, um die Bilder so fachmännisch zu überlagern, waren 1994 noch keineswegs allgemein verbreitet. Die Lavenders jedenfalls behaupteten, sie hätten weder Zugang zu noch Ahnung von der entsprechenden Computertechnologie gehabt. Dann war es womöglich doch eine Schneiderpuppe, und die Lavenders wußten das entweder die ganze Zeit – oder eben nicht. Aber ist es nicht merkwürdig, daß sich keiner der übrigen Augenzeugen je gemeldet hat? Ungeklärt bleibt auch, in welche Richtung der kopflose Körper gewandt ist. Zumeist wird davon ausgegangen, daß es sich um einen Mann handelt und er der Kamera abgewandt ist. Könnte es nicht auch eine Frau sein? Vielleicht ist das Theaterschiff ja doch der Schlüssel zu diesem Rätsel, und jemand hat sich mit einer Requisite einen Spaß erlaubt.

Schwebende in Schwarz

ORT: Covent Garden Piazza, London, England
DATUM: 31. Dezember 1989

Herr Webb machte diese Aufnahme von seiner Tochter, im Hintergrund ist seine Frau mit dem jüngeren Kind im Kinderwagen zu sehen. Die menschliche Figur ohne Beine, die neben ihr schwebt, hat auf dem Familienfoto nichts zu suchen. Im Januar 1990 schickten die Webbs es an die Society for Psychical Research. Frau Webb sagte, an der fraglichen Stelle sei niemand in ihrer Nähe gewesen. Im übrigen hätten die Absperrung und das weiße Auto es schwierig gemacht, an ihr vorbeizukommen. Zudem wies sie auf die unnatürliche Körperhaltung der Erscheinung hin.

„Sie war bekannt für ihre schwarze Kleidung, die ihr angeblich Kraft verlieh“

Der fotografische Experte Dr. Vernon Harrison befand: „Der Gesamteindruck dieser Figur paßt überhaupt nicht zu einer Person, die gerade an dem Kinderwagen vorbeieilen würde, und ihr verträumter Gesichtsausdruck sieht nicht nach körperlicher Anstrengung aus.“ Seiner Ansicht nach könnte es sich um einen Fall von Gedankenfotografie handeln. Nachdem die Fotografie im *Unexplained Magazine* abgedruckt wurde, bekam Maurice Grosse von der Society for Psychical Research einen Brief von einem Wachmann, der früher im Covent Garden gearbeitet hatte. Er meinte, das Mädchen zu kennen. Sie sei bekannt für ihre schwarze Kleidung, von der sie glaubte, sie verleihe ihr Kraft, und beschäftige sich mit schwarzer Magie. Grosse schrieb zurück, erhielt aber keine Antwort. Schauen wir noch einmal genauer hin. Vielleicht kommt jene „unnatürliche Körperhaltung“ einfach dadurch zustande, daß sich das Mädchen duckt, wie man es automatisch tut, wenn man aus Versehen einem Wildfremden vor die Kamera läuft. Könnte es nicht sein, daß ihre Beine von dem Pfahl verdeckt werden? Ist der verträumte Gesichtsausdruck nicht die ganz gewöhnliche „Mir doch egal“-Mimik eines jungen Menschen? Das mag jeder für sich entscheiden.

Die Kehle zugeschnürt

ORT: Essex oder Sussex, England
DATUM: 1991

Wem gehört die verkrümmte Hand, die einen Fremdkörper auf diesem Foto dreier Schulmädchen darstellt? Kelley Jackson war damals zwölf und gibt an, außer ihnen sei niemand dabeigewesen und keiner der drei sei irgend etwas Ungewöhnliches aufgefallen. Drei Jahre später schrieb sie der Society for Psychical Research: „Wir bemerkten, daß die Hand arthritische Finger hatte, und es hätte niemand aus unserer Schule sein können, denn unsere Uniform ist rot und der Ärmel auf dem Bild blau." Allerdings würde ein älterer Erwachsener wohl kaum die gleiche Uniform tragen wie die Schulkinder – vielleicht arbeitete er oder sie ja auf der Burg. Kelley sagte ursprünglich, die Aufnahme sei „auf einer Burg in Sussex" entstanden, später sprach sie jedoch in ihrem Brief von „Mountfiget Castle". Vermutlich meinte sie Mountfichet, eine Burg in Stansted (Essex).

„Es hätte niemand aus unserer Schule sein können"

Dies ist ein verstörendes Bild, das aber einige Ungereimtheiten beinhaltet. Bei genauerem Hinsehen erweist sich, daß das Mädchen in der Mitte einen ganz anderen Gesichtsausdruck hat als ihre Freundinnen, die beide fröhlich lächeln. Ihr hingegen scheint das Lachen vergangen zu sein – am liebsten würde sie die Hand an ihrer Kehle wohl abschütteln. Daß Kelley die Burgen verwechselt, dürfte nicht weiter von Bedeutung sein. In ihrem Alter sind solche Dinge ziemlich unwichtig. Freilich können sich auch ältere Fotografen und ihre Modelle oft nicht an flüchtige Ereignisse oder Veränderungen erinnern, die ihr Film dokumentiert. Vermutlich hatten Kelley und ihre Freundinnen an jenem Tag soviel Spaß, daß sie schlicht nicht mitbekamen, was tatsächlich geschah. Sollten derartige rationale Erklärungen nicht zutreffen, dann kann es sich nur um eine echte Anomalie handeln, die eine sehr viel gründlichere Untersuchung wert wäre.

Hinrichtung in der U-Bahn

ORT: U-Bahnzug der Bakerloo-Linie, London, England
DATUM: 1985

Warum sollte Bruno Richard Hauptmann, der 1936 für die Entführung und Ermordung des Lindbergh-Babys hingerichtet wurde, im Fenster einer Londoner U-Bahn erscheinen? Das wüßte Frau Woo auch gerne. Sie hatte doch nur ihren Neffen aus Malaysia fotografiert, der unbedingt ein Andenken an seine U-Bahnfahrt haben wollte. Auf dem entwickelten Foto aber erschien direkt oberhalb seines Kopfes der Ausschnitt eines Bildes von einem Mann im Elektrischen Stuhl. Rechts und links von seinen Händen sind sprühende Funken zu sehen. Frau Woo kam diese Figur bekannt vor, nämlich aus dem berüchtigten „Gruselkabinett" in Madame Tussauds Wachsfigurenmuseum. Tatsächlich sind beide Bilder identisch (ohne die Funken), doch hingen seinerzeit keine Werbeplakate für das Museum in der Londoner U-Bahn, und außerdem wurde das Foto im Tunnel zwischen zwei Haltestellen geschossen. Ein Medium bestätigte, daß es sich um Hauptmann handelte, der auf diese Weise seine Unschuld an dem Verbrechen bekunden wolle, für das er hingerichtet wurde.

„Angeblich wollte er seine Unschuld bekunden"

Die Belichtung in diesem Bild wirkt seltsam flach. Weder ist die Reflexion eines Blitzes in der Fensterscheibe zu sehen, noch lassen sich Details der Sitze ausmachen, nicht einmal zwischen ihren scharf belichteten Beinen. Da Frau Woo offensichtlich an die Existenz paranormaler Phänomene glaubt, wäre Gedankenfotografie eine plausible Erklärung. Freilich scheint es gewagt, bei einem derart rätselhaften Bild überhaupt von plausiblen Erklärungen zu sprechen.

Erscheinung am Altar von Arundel

ORT: St. Nicholas-Kirche, Arundel (Sussex), England
DATUM: 1940

Wacht hier ein Geist am Altar, oder handelt es sich um menschliches bzw. technisches Versagen? Die nur schwach sichtbaren Elemente eines zweiten Fotos rund um das Hauptmotiv deuten auf eine Doppelbelichtung hin. In den vierziger Jahren, als die Fotografie noch ein vergleichsweise neues Medium war, kamen derartige Irrtümer häufiger vor. Könnte die weiße Struktur mit Schnitzwerk wirklich zwischen den Kirchenbänken auf der rechten Seite und dem Geländer um den Altar gestanden haben? Wie angeblich 1989 anhand einer Computer-Bearbeitung herausgefunden wurde, handelte es sich wahrscheinlich um „eine Mehrfachbelichtung von einer Frau, die mit einer brennenden Wachskerze in der Hand die Stufen zum Altar hochgeht". Für Skeptiker des Paranormalen mag diese Erklärung plausibel klingen, Fotografie-Skeptiker wird sie weniger zufriedenstellen. Wer hatte schließlich 1989 schon einen so guten Computer?

„Für gewöhnlich erscheinen Geister an Orten extremer Gefühlswallungen"

Auf dem zur Burg Arundel gehörenden Land war dort, wo heute die Kirche steht, einst ein normannisches Kloster. Nebenan in der Fitzalan Chapel, die ursprünglich Teil desselben Gebäudes war, soll es spuken. Für gewöhnlich erscheinen Geister an Orten extremer Gefühlswallungen. Insofern verwundert es nicht, daß entsprechende Phänomene häufig in Kneipen auftreten. Auch Kirchen, wo Taufen, Hochzeiten und Begräbnisse stattfinden, sind demnach als Schauplätze des Paranormalen prädestiniert. Dieses klassische Geisterbild erfüllt alle Erwartungen – ist man eben deswegen geneigt, an seiner Echtheit zu zweifeln, oder wirkt es dadurch um so vertrauenswürdiger?

Ein Trauzeuge zuviel

ORT: Zoetermeer, Holland
DATUM: 1994?

Die gespenstische Erscheinung in diesen beiden Bildern wirft ein großes Rätsel auf. Sie ist schon insofern ungewöhnlich, als es mehr als nur zwei bekannte Fotografien davon gibt, die alle von verschiedenen Standpunkten aufgenommen wurden. Ein seltsamer Belichtungseffekt oder ein Kameradefekt läßt sich also nahezu ausschließen. Die Anzahl der Bilder, der zeitliche Abstand, der zwischen ihnen gelegen haben muß, die unterschiedlichen Perspektiven – all diese höchst außergewöhnlichen Umstände machen diese Bilder zu einem der faszinierendsten Fälle überhaupt. Diese beiden Bilder sollen von ein und derselben Person und aus ein und derselben Kamera stammen. Wie man sieht, scheint keiner der Hochzeitsgäste die Erscheinung bemerkt zu haben.

„Ein seltsamer Belichtungseffekt läßt sich nahezu ausschließen“

Rechts vom Altar ist eindeutig eine Form auszumachen. Man könnte sie für menschlich halten, vielleicht mit ausgestrecktem Arm und Kopfbedeckung. Das wiederum mag ein Effekt der Pareidolie sein – als eine Art Selbstschutz übersetzt das menschliche Gehirn unbekannte Formen in vertraute Muster. Wer diesen angeborenen zu überwinden vermag, steht vor der Frage, worum es sich sonst handeln könnte, wenn nicht um eine Gestalt, die einmal ein Mensch war. Schließlich gibt es keine Regel, die vorschreibt, wie ein Geist auszusehen hat. Es wäre interessant, das Hochzeitspaar aufzuspüren und zu fragen, ob einer von beiden an diesem wichtigen Tag einen verstorbenen geliebten Menschen vermißte. Oder tauchte hier unerwartet jemand auf, den keiner der Anwesenden vermißte?

Der Geist von Old Nanna

ORT: unbekannt
DATUM: 1991

Der zweijährige Greg Sheldon Maxwell blickt gebannt auf etwas, das nur er allein sehen kann. In solchen Augenblicken der Verzückung pflegte er auf eine bestimmte Stelle in einem Zimmer zu zeigen und zu sagen: „Old Nanna ist da." Dabei war seine Urgroßmutter schon tot. Schließlich wurde der Junge in seinem entrückten Zustand fotografiert (siehe Abbildung). Erst auf dem Abzug war der Nebel zu sehen; wie üblich war keinem der anderen Anwesenden etwas Ungewöhnliches aufgefallen.

„In Augenblicken der Verzückung pflegte er auf eine Stelle zu zeigen und zu sagen: „Old Nanna ist da.“

Als paranormales Ereignis klingt diese Geschichte durchaus logisch, doch fehlt es an überprüfbaren Fakten, um mit Gewißheit sagen zu können, ob hier tatsächlich ein Geist erschienen und fotografiert worden ist. Wer das Bild gemacht hat, oder was auf etwaigen weiteren Aufnahmen zu sehen ist, ist nicht bekannt. Hat der Junge öfters mit gefalteten Händen dagesessen, wie Kinder es tun, wenn sie gerade gelernt haben zu beten, oder nur, wenn er etwas Wundersames erlebte? Falls es sich um eine Fälschung handelt, ließe sich gewiß eine Erklärung für die neblige Wolke finden. Allerdings ist sie viel zu groß und dicht, als daß es sich beispielsweise um Zigarettenrauch handeln könnte. Eine menschliche Gestalt ist ebenfalls nicht auszumachen – allerdings kann es gut sein, daß uns verwehrt ist zu sehen, was der Junge sieht.

Übernatürlicher Hunger

ORT: St. Mary's Guildhall, Coventry, England
DATUM: 22. Januar 1985

Wenn je ein Gemäuer zum Spuken einlädt, dann dieses. St. Mary's Guildhall wurde im 14. Jahrhundert als Gildehaus erbaut, später saß hier die unglückselige Maria Stuart in Haft, und im blutigen Rosenkrieg diente es Heinrich VI. als Hauptquartier in Lancashire. In Hungersnöten wurden aus seiner Küche die verelendeten Weber mit Essen versorgt. Wie das Gebäude die deutschen Bombardierungen im Zweiten Weltkrieg unversehrt überstand, ist ein Rätsel. Liegt etwa eine schützende Hand auf ihm, eine übernatürliche womöglich?

In dieser Fotografie eines Festmahls für die Ehrenbürger von Coventry zieht eine merkwürdige Figur am linken Tisch mit weißer Haube den Blick auf sich. Auf ihrem Gesicht liegt ein Schatten, sie ist größer als die anderen Gäste und hält sich etwas abseits. Daß ihre Kleidung aus einem anderen Zeitalter zu stammen scheint, liegt sicherlich nicht nur an der Beleuchtung. Oberbürgermeister Walter Brandish war überzeugt, daß keine derart gekleidete Person an der Feier teilgenommen hatte, und ließ weitere Ermittlungen anstellen. Doch niemand wollte zugeben, selber der unbekannte Eindringling zu sein, oder ihn auch nur gesehen haben.

„Die Kleidung des Fremden scheint aus einem anderen Zeitalter zu stammen"

Offensichtlich ist die Abendgesellschaft beim Tischgebet fotografiert worden. Es scheint durchaus denkbar, daß jemand sich in der Tür geirrt hatte, stehenblieb, um das Gebet nicht zu stören, und anschließend den Raum unbemerkt verließ, während die Gäste damit beschäftigt waren, ihre Plätze wieder einzunehmen. Gegen diese Hypothese spricht allerdings, daß der mysteriöse Mann anscheinend beim Tischdecken mitberücksichtigt wurde, denn wie alle anderen Gäste hat auch er ein Glas vor sich stehen. Was ihm fehlt, ist ein Stuhl, auf den er sich nach dem Gebet setzen könnte.

Lebenslang ist noch zu kurz

ORT: Altes Gefängnis von Newgate, London, England
DATUM: 1988

Fast tausend Jahre lang stand Newgate in der Londoner Innenstadt im Ruf des fürchterlichsten Gefängnisses in ganz England. Dort wurden Männer und Frauen vor johlendem Publikum gehenkt, erst 1868 verlegte man die Hinrichtungen ins Innere des Gebäudes. Die letzte fand 1901 statt. Heute steht an derselben Stelle das Old Bailey, der wichtigste Strafgerichtshof des Landes. Doch unter der Erde sind noch einige der Zellen erhalten, in denen einst Männer, Frauen und Kinder in unvorstellbarem Elend vor sich hin darbten. 1988 nahm Lars Thomas an einer Führung durch den Keller des Viaduct Inn teil, unter dem sich solche alten Zellen befinden. Er war überzeugt, daß niemand vor ihm stand, als er dieses Foto schoß. Doch wie man sieht, ist darauf jemand – oder irgend etwas – abgebildet, dessen Kopf in den Nacken gelehnt ist, als suche er vergeblich nach einem Fluchtweg.

„Unter der Erde sind noch einige der Zellen erhalten, in denen Männer, Frauen und Kinder vor sich hin darbten“

Der merkwürdige Rotstich rührt daher, daß beim Licht einer Wolfram-Glühbirne mit Tageslichtfilm fotografiert wurde. Daran ist also nichts Geheimnisvolles. Die Frage, die man sich stellen muß, lautet vielmehr: Ist – oder war – diese unheimliche Figur wirklich ein Mensch? Ist ihr Hals nicht viel zu dünn, und hat sie einen kahlen Schädel oder eine flache Mütze? Wenn das Bild schärfer wäre, ließe sich das vielleicht beantworten – sofern es überhaupt eine Antwort darauf gibt. „Wenn diese Mauern reden könnten ...“, pflegt man zu sagen. Aber wer weiß, womöglich warten die Geister, die in ihnen eingesperrt sind, ja nur auf eine Gelegenheit, ihre Geschichten zu erzählen?

BERÜHMTE RÄTSEL

Wenn nur eine einzige dieser mysteriösen Aufnahmen tatsächlich jemanden oder etwas zeigt, das sich dem heutigen Weltverständnis entzieht, wären die Wissenschaftler – und nicht nur sie – gezwungen, viele ihrer altgedienten Theorien zu überdenken. Eben daher rührt die weltweite Berühmtheit dieser Fotografien.

Manche von ihnen werden seit über hundert Jahren analysiert und heiß diskutiert. Mutmaßungen, daß es sich bei dem Geist von Belgrave Hall schlicht um ein unscharf fotografiertes Eichenblatt handeln könnte, klingen zwar plausibel. Jedoch stammt das Bild von einer Videokamera, und auf dem laufenden Film ist weder unmittelbar vorher noch nachher ein „Blatt" zu sehen. Was immer es auch sein mag – es erscheint urplötzlich vor der Linse, ist ein paar Sekunden lang zu sehen und verschwindet wieder. Beispiele aus den USA oder Australien haben den besonderen Reiz, daß sie mysteriöse Vorkommnisse fernab der klischeebeladenen Kulissen englischer Landsitze, Kirchen und Burgruinen dokumentieren. Wenn es wirklich paranormale Phänomene gibt, ist es nur folgerichtig, daß sie sich überall auf der Erde ereignen. Die Entdeckung eines derartigen Bildes, das auf einem Friedhof in Chicago aufgenommen wurde, ist insofern nicht überraschend, sondern vielmehr beruhigend – jedenfalls für Menschen, die an die Existenz des Paranormalen glauben.

Natürlich muß man darauf vertrauen, daß die Fotografen nicht nur die halbe Wahrheit sagen oder gar glattweg lügen. Wer vermag die Frau auf dem Grabstein im Chicagoer Bachelor's Grove zu identifizieren? Wer weiß, welche Geheimnisse der Technik hinter dem dreifachen Bild des Jungen mit nacktem Oberkörper stecken? Die Tulpentreppe, die ein kanadisches Ehepaar im Londoner Stadtteil Greenwich fotografierte, ist wohl in mehr Büchern abgedruckt worden als jedes andere dieser Bilder. Dennoch hat bis heute niemand eine befriedigende Erklärung finden können, was es mit der in gespenstisches Weiß gehüllten Erscheinung auf sich hat.

Wie man sieht, sind seit Anbeginn der Fotografie immer wieder angebliche Geistererscheinungen gesichtet worden. Paraforscher haben im Laufe der Jahre Hunderte davon geprüft, und für die große Mehrheit ließen sich einfache Erklärungen finden.

Aber es gibt Ausnahmen. Dank der technologischen Errungenschaften der vergangenen Jahrzehnte – Internet, Digitalkameras, Foto-Handys und Computerprogramme, mit denen jeder nach Lust und Laune Bilder manipulieren kann – tauchen heute weit mehr anomale Fotografien auf als je zuvor, während der Glaube an ihre Echtheit zwangsläufig abnimmt. Wieviel plausibler scheint die Annahme, daß es sich um irgendeine Art von digitaler Manipulation handeln muß! Die Fotografien im folgenden Kapitel haben allen Anfechtungen standgehalten. Trotz wiederholter Veröffentlichungen und Untersuchungen durch die Paraforschung weigern sie sich bis heute, ihre Geheimnisse preiszugeben.

Das Gespenst auf der Treppe

ORT: Raynham Hall (Norfolk), England
DATUM: 19. September 1936

Daß es in Raynham Hall spukte, war kein Geheimnis – daß es dafür einen fotografischen Beleg gibt, ist hingegen ein seltener Glücksfall. Die Zeitschrift *Country Life* beauftragte zwei Reporter, Bilder von dem Haus zu machen. Einer der beiden, Indre Shira, sah gegen Ende seines Besuchs eine gespenstische Figur die Treppe herunterkommen. Hauptmann Provand, sein Kollege, machte auf Shiras Geheiß eine Aufnahme (siehe Abbildung). Nach allgemeiner Annahme handelt es sich um den Geist von Dorothy Walpole (verstorben 1729), der zweiten Ehefrau von Charles 2. Viscount Townshend.

„Es war für das bloße Auge sichtbar, noch bevor es auf dem Foto erschien"

Dieses Bild zählt zu den berühmtesten, die je veröffentlicht worden sind, und wurde von verschiedener Seite ausführlich geprüft. C. V. C. Herbert von der Society for Psychical Research fand Genaueres über die Kamera und Linse, die Umstände, unter denen es aufgenommen wurde, und den Schauplatz heraus. Die bekannten Ermittler Harry Price und Nandor Fodor kamen zu dem Schluß, daß es echt sein müsse. In den sechziger Jahren teilte auch Dennis Bardens vom Ghost Club ihre Einschätzung. Zwar äußerte der Rechtsanwalt Alan Murdie in der *Fortean Times* vom Oktober 2006 Zweifel, doch gelang es Peter Meadows, dem Leiter der Handschriftenabteilung in der Bibliothek der Universität Cambridge, andere fotografische Belege zutage zu fördern, die Murdies Behauptungen teilweise widersprechen.

Daß es für das bloße Auge sichtbar war, noch bevor es fotografiert wurde, spricht für ein authentisches „Gespenster"-Bild. Die Reporter scheinen vertrauenswürdig gewesen zu sein, erfahrene Experten halten das Negativ für echt, und das Haus war für Geistererscheinungen bekannt. Als Beleg für die Gegenposition läßt sich anführen, daß das Treppengeländer optisch nicht ganz stimmig wirkt. Überdies glauben manche Leute sowieso, es sei unmöglich, paranormale Ereignisse, insbesondere Geister, zu fotografieren.

Die Weiße Dame auf dem Grabmal

ORT: auf dem Friedhof Bachelor's Grove, Chicago (Illinois), USA
DATUM: 10. August 1991

Manche glauben, die Weiße Dame von Bachelor's Grove sei der Geist einer Frau Rogers, die um ihr totes Baby trauert. Ganz in der Nähe liegt ein namenloser Säugling begraben. Mari Huff nahm dieses Bild unweit des Eingangs an der Südseite des Friedhofs auf. Darauf ist eine Frau zu sehen, deren gebeugte Körperhaltung ihren Schmerz ausdrückt. Sie sitzt auf dem berühmten Grabmal, das mit einem Karomuster verziert ist. Um ihre Füße soll der Boden mit Blättern, Gras und Zweigen bedeckt sein, die auf dem hier verwendeten Film wie ein seltsamer weißer Nebel erscheinen.

„Sie trauert um ihr totes Baby"

Dieser Friedhof wurde einst zum Schauplatz eines tragischen Mordes, und Geistererscheinungen, blaue Geisterflecken und sonstige paranormale Phänomene haben dort eine lange Tradition. Die Ghost Research Society begann 1991 eine Geisterwache und benutzte Infrarotschwarzweißfilm, um die Vorkommnisse zu dokumentieren. Laut der Society befand sich zum Zeitpunkt dieser Aufnahme niemand im Blickfeld der Kamera. Und selbst wenn sich doch jemand einen Augenblick lang auf dem Grabstein ausgeruht haben sollte, würde das nicht erklären, warum das linke Bein der Figur durchsichtig und ihre Gesichtszüge unkenntlich sind. Eine Hypothese lautet, das Gesicht sei nachträglich bearbeitet worden, und die Frau habe ihr Bein während der Belichtung bewegt, so daß es nicht scharf auf Film gebannt werden konnte. Doch auch hier sollte man die nüchterne Vernunft walten lassen: Was hätte die Ghost Research Society davon, sich bei einem ihrer Herzensanliegen der Manipulation oder gar der Lüge schuldig zu machen?

Gruppenbild mit einem Toten

ORT: vermutlich der Königliche Marinefliegerstützpunkt HMS Daedalus, Lee-on-Solent (Hampshire), England
DATUM: 1919

Kehrte der Flugzeugmechaniker Freddy Jackson von den Toten zurück, um sich mit seinen Kameraden fotografieren zu lassen? 1919 wurde in Lee-on-Solent auf dem heutigen Luftwaffenstützpunkt RAF Cranwell der später in Fleet Air Arm umbenannte Royal Air Service gegründet. Dieses Gruppenfoto seiner Geschwaderkameraden, die vermutlich auf der HMS Daedalus dienten, entstand zwei Tage, nachdem Freddy bei einem Unfall ums Leben gekommen war. Hinter dem linken Ohr des Vierten von links in der obersten Reihe ist ein zweites Gesicht zu sehen, wie die Vergrößerung eindeutig belegt. Angeblich glaubten viele von Freddys Freunden ihn darin wiederzuerkennen. Besonders unheimlich ist, daß die Aufnahme am Tag seiner Beerdigung gemacht wurde – vielleicht wußte Freddy nicht, daß er tot war, und fand sich pünktlich zum Fototermin ein.

„Die Aufnahme entstand am Tag seiner Beerdigung – vielleicht wußte Freddy nicht, daß er tot war"

Sir Victor Goddard, ein RAF-Offizier a. D., der damals dabei war, machte die Öffentlichkeit 1975 – über ein halbes Jahrhundert nach seiner Entstehung – auf das Bild aufmerksam. Seither ist es verschiedentlich abgedruckt worden, doch keine dieser Quellen erbringt konkrete Nachweise über die Umstände seiner ursprünglichen Identifizierung. Dies ist ein typischer Fall, in dem eine nicht-paranormale Erklärung durchaus denkbar erscheint. Vielleicht hatte sich einfach ein weiterer Mann im Moment der Belichtung dazugesellt, oder einer der Soldaten hatte sich zu früh bewegt. Allerdings sieht das Gesicht anders aus als das seines Nachbarn, und er hat als einziger keine Mütze auf. In jedem Fall ist es eine bemerkenswerte Fotografie, deren Nachdruck in diesem Band hoffentlich den einen oder anderen Betrachter anregen wird, seine Privatsammlung nach ähnlich rätselhaften Aufnahmen zu durchforsten.

Ein Mädchen und zwei Feuer

ORT: Rathaus, Wem (Shropshire), England
DATUM: 19. November 1995

Ist das Jane Churm, die 1677 das Rathaus von Wem niedergebrannt haben soll? So lautet jedenfalls eine der paranormalen Erklärungen für dieses außerordentlich dramatische Bild. Tony O'Rahilly nahm es auf, als das Rathaus erneut in Flammen stand. Da Polizei und Feuerwehr das Gelände weiträumig abgesperrt hatten, fotografierte er mit einem 200-Millimeter-Teleobjektiv von der gegenüberliegenden Straßenseite aus. Keiner der Augenzeugen konnte sich später erinnern, irgend jemanden in dem tödlichen Feuer gesehen zu haben. Das Gesicht ist bis heute nicht offiziell identifiziert worden – wer ist also dieses Mädchen mit der altmodischen Haube, und was will sie uns mitteilen?

Die Fotografie wurde der Association for the Scientific Study of Anomalous Phenomena zugesandt, die Dr. Vernon Harrison als Gutachter zu Rate zog. Er kam zu dem Schluß, weder der Abzug noch das Negativ seien in irgendeiner Weise manipuliert worden, jedoch könne es sich um eine durch den Lichteinfall verursachte optische Täuschung handeln. Einige der architektonischen Details scheinen erklärungsbedürftig, doch was für eine unwiderstehliche Kombination: ein hübsches Mädchen und zwei Feuer an derselben historischen Stätte! Das klingt verdächtig nach der Handlung eines Hollywood-Thrillers. Oder ist Jane Churm tatsächlich in jener Nacht zurückgekommen, als das Rathaus zum zweiten Mal niederbrannte? Versuchte sie womöglich verzweifelt, der Nachwelt etwas über das erste Feuer fast 320 Jahre zuvor mitzuteilen?

„Versuchte sie womöglich verzweifelt, der Nachwelt etwas mitzuteilen?“

23-12-98
04:48:36
24

Spukende Überwachungskamera

ORT: Belgrave Hall Museum, Leicester, England
DATUM: 23. Dezember 1998

Um Punkt 4:48 Uhr morgens erschien dieses gespenstische Bild wie aus dem Nichts auf einer Überwachungskamera an der Außenseite des Museums Belgrave Hall. Fünf Sekunden lang blieb es unverändert, um dann ebenso plötzlich wieder zu verschwinden, ohne daß auf dem Film irgendwelche Spuren eines Falls oder Flugs zu sehen waren. Zum selben Zeitpunkt gab es eine Störung der digitalen Zeitanzeige, als ob die Zeit plötzlich von einer höheren Gewalt beherrscht werde. Dabei kann ein technisches Versagen ausgeschlossen werden. Das neu installierte Überwachungssystem war erst einen Monat zuvor überprüft worden und wurde in der Folge erneuten Tests unterzogen. Es heißt, Belgrave Hall sei im 18. Jahrhundert auf einem vormaligen Friedhof für diejenigen Toten errichtet worden, die nicht in geweihter Erde begraben werden durften. Und schon seit langem wurde von einer gespenstischen Erscheinung sowie unheimlichen Geräuschen und Gerüchen im Inneren des Gebäudes gemunkelt.

„Belgrave Hall soll auf einem ungeweihten Friedhof errichtet worden sein“

1999 wurde in der Presse über den Spuk in Belgrave Hall spekuliert. Die Hypothesen reichten vom Geist einer viktorianischen Dame über eine Plastiktüte oder ein Blatt im Wind bis hin zu Insekten oder Regentropfen auf der Linse. Die fragliche Nacht war jedoch weder regnerisch noch besonders windig. Zwei Geisterwachen der Association for the Scientific Study of Anomalous Phenomena verliefen ohne weitere ungewöhnliche Vorkommnisse. Mitglieder des Vereins versuchten überdies, das Foto nachzustellen, indem sie Blätter in die Luft warfen, da sie ebenso wie das Museumspersonal diese Erklärung für die wahrscheinlichste hielten. Dies ließ jedoch die Störung der Zeitanzeige unberücksichtigt. Maurice Grosse von der Society for Psychical Research jedenfalls war davon überzeugt, daß „die Überwachungskamera eine Manifestation übernatürlicher Aktivität eingefangen hat“.

Der Spion aus einer anderen Welt

ORT: Corroboree Rock, Alice Springs (Northern Territory), Australien
DATUM: 1959

Ein Corroboree der australischen Ureinwohner mit seinem rhythmischen Trommeln, Didgeridoo-Spiel, traditionellen Gesang und hypnotischen Tanz zählt zu den weihevollsten Erfahrungen überhaupt. Unter dem nächtlichen Sternenhimmel wird dabei rituell die Einheit des Stammes beschworen. Corroboree Rock, 160 Meilen westlich von Alice Springs, gilt als bedeutende Kultstätte der Aborigines. Die befremdliche Figur in ihrem langen Gewand und enganliegenden Helm ist für die erdrückende Hitze im Herzen Australiens äußerst unpassend gekleidet.

Vor ein noch größeres Rätsel stellt uns die Frage, was sie wohl in der Hand hält und so eindringlich betrachtet. Eine Art Kamera vielleicht? Zur Abwechslung drängt sich hier einmal eine bizarre Lösung auf, die nicht paranormal begründet ist. Könnte es sich um ein Wesen von einem anderen Planeten handeln? Wäre es ein bislang nicht identifizierter Mensch, hätte nie jemand die einzigartigen Fotografien gesehen, die er an jenem Tag aufgenommen hat. Wer oder was war also der stille Beobachter am Corroboree Rock? Das hier abgebildete Foto selber stammt von einem Pfarrer, dessen Augenzeugenbericht von einem paranormalen Ereignis eigentlich über jeden Verdacht erhaben sein sollte. Indes wäre es naiv anzunehmen, daß seine Schilderung deshalb vor Ungenauigkeiten – seien sie beabsichtigt oder nicht – gefeit ist.

„Eine bizarre Lösung drängt sich auf, die nicht paranormal begründet ist“

Gespenst an Bord

ORT: Ipswich (Suffolk), England
DATUM: 22. März 1959

Mabel Chinnery und ihr Mann kamen gerade von einem Besuch am Grab ihrer Mutter zurück. Sie hatte noch ein Bild auf ihrem Film und nahm ihren Mann am Steuer des Wagens auf. Auf dem Abzug glaubte Frau Chinnery eine zweite Figur zu sehen, nämlich ihre verstorbene Mutter, deren Brille das Licht spiegelte, auf ihrem Lieblingsplatz auf dem Rücksitz. An ihrer Aufrichtigkeit ist nicht zu zweifeln, doch womöglich hat sie einer beunruhigenden Erscheinung ein menschliches Antlitz verliehen.

Möglicherweise handelt es sich hier um eine Doppelbelichtung. Auf den ersten Blick scheint es, als sei auf der rechten Bildseite die andere Autotür von innen zu sehen. Doch ist sie nicht viel zu weit vorne, sind die Fenster nicht zu groß, und ähnelt die geschwungene rechte Seite nicht eher einem Baumstamm? Die Figur der vermeintlichen Mutter scheint zu dicht hinter dem Fahrer zu sitzen. Sogar Herrn Chinnerys Gesicht wirkt zu groß. War das Fenster offen oder nicht? Diese Fragen gilt es zu klären, bevor man von einem echten paranormalen Phänomen ausgehen kann. Genausogut könnte Frau Chinnery in ihrem emotionalen Zustand das letzte Bild auf dem Film zweimal belichtet haben, ein sehr häufiger Irrtum. Eine andere Hypothese lautet, daß ebendiese starken Gefühle eine Gedankenfotografie von ihrer verstorbenen Mutter entstehen ließen und daß dieses Bild aus einer anderen Wirklichkeit weitere unerklärliche Phänomene mit sich brachte. Wenn es sich so verhält, wäre dies ein bemerkenswertes Dokument einer noch unzureichend erforschten Kraft des menschlichen Gehirns.

„Starke Gefühle ließen eine Gedankenfotografie von ihrer verstorbenen Mutter entstehen“

Eine alarmierende Erscheinung

ORT: Hampton Court Palace, Middlesex, England
DATUM: 7. Oktober 2003

Das Wachpersonal hörte den Alarm schrillen. Ausgelöst wurde er von Feuertüren, die stets geschlossen bleiben mußten. Die Aufzeichnungen der Überwachungskameras verschafften keine Aufklärung, sondern stellten sie vor neue Rätsel: Auf dem Video war eine skelettartige Figur im langen Gewand mit Kapuze beim Verlassen des Hampton Court Palace zu sehen. So idyllisch das romantische Backsteingebäude an der ungetrübt vor sich hin fließenden Themse gelegen scheint, so blutig ist seine Geschichte. Nicht zufällig wird gemunkelt, daß hier mehr als ein königliches Gespenst umgeht: Anne Boleyn etwa, die ihr Gemahl Heinrich VIII. 1536 enthaupten ließ, oder ihre nicht minder unglückselige Nachfolgerin Catherine Howard. Auch Heinrich selber wurde schon gesichtet, ebenso ein bemitleidenswerter Page aus der Zeit Charles' II.

„Es wird von mehr als einem königlichen Gespenst gemunkelt"

Daß hier eine Figur zu sehen ist, läßt sich nicht bestreiten. Ihre Kleidung macht einen authentischen historischen Eindruck. Allerdings sieht es mehr nach einem zielstrebigen Mann aus als nach dem Geist einer rastlosen Tudor-Königin. Der skeptisch gesonnene Richard Wiseman, Psychologe an der Universität von Hertfordshire, meint, falls es sich um eine echte Erscheinung handeln sollte, wäre dies eine „Entdeckung von großer Bedeutung". Er hält es für wahrscheinlicher, daß es ein verirrter Tourist im historischen Kostüm oder ein Mitarbeiter ist, der sich zu Werbezwecken verkleidet hat. Die Aussagen des Personals stützen diese Vermutung jedoch nicht. Zudem sei der fragliche Teil des Palasts Besuchern gar nicht zugänglich. Bislang ist es auch nicht gelungen, die Figur zu identifizieren. Versuche vor Ort haben ergeben, daß die kühlere Raumtemperatur an jenen Stellen, wo angeblich Geister ihr Unwesen treiben, in Wirklichkeit durch Luftzüge verursacht wird. Gibt es tatsächlich für jedes Phänomen eine logische Erklärung, oder ist dies womöglich eine echte Rarität – der authentische fotografische Beleg für eine Geistererscheinung?

AND DRINKETH MY BLOOD

Geist oder Geistlicher?

ORT: in der Kirche St. Mary the Virgin, Woodford (Northamptonshire), England
DATUM: Juli 1964

Zwei Jahre, nachdem sie das Bild aufgenommen hatten, bemerkten Gordon Carroll und sein Freund David Hadsell zu ihrem Erstaunen, daß vor dem Altar der Kirche von St. Mary the Virgin eine Figur in tiefer Andacht zu sehen ist. Auf der nächsten Aufnahme ist keine Spur von ihr. Gordon war erst sechzehn, als er dieses Foto machte, aber er arbeitete stets sehr sorgfältig und hatte eigens ein Stativ benutzt, um es bloß nicht zu verwackeln.

„Ein flüchtiger Blick auf etwas, was sonst verborgen bleibt“

Skeptiker werden behaupten, der vermeintliche Geist sei eine Putzfrau oder auch ein Geistlicher, der sich kurz zum Gebet niedergekniet habe. Freilich würde er wohl kaum einen kurzärmeligen weißen Kittel mit Gürtel tragen. Gordon und David waren überzeugt, keine Menschenseele am Altar gesehen zu haben – immerhin sind vier Augen weitaus verläßlicher als zwei. Der Gemeindepfarrer verbürgte sich für den tadellosen Charakter der beiden Jungen, und die Herstellerfirma Agfa konnte auf dem Film weder Spuren einer Doppelbelichtung noch „irgendeinen Defekt bzw. einen Fehler bei der Entwicklung“ entdecken.

Für diejenigen, die an die Existenz des Paranormalen glauben, gibt es eine äußerst plausible Erklärung. Der frühere Pastor von St. Mary the Virgin, Basil Eversley Owen, der oft betend an ebendieser Stelle zu verweilen pflegte, war im Jahr zuvor verstorben. Ob er zurückgekehrt war oder ob er seine Kirche in Wahrheit niemals verlassen hatte und die Jugendlichen mit ihrer Kamera einen flüchtigen Blick auf etwas erhascht hatten, was der menschlichen Sicht sonst verborgen bleibt – nun, darüber kann man höchstens Vermutungen anstellen.

Das Leben ist kein Gruselfilm

ORT: vermutlich irgendwo in England
DATUM: 1920er Jahre

Genauso stellen sich die meisten Menschen einen Geist vor: eine halbdurchsichtige, von Kopf bis Fuß verhüllte Gestalt. Hollywood hat dieses Klischee jedenfalls nach Kräften bedient. Einschlägig Interessierte kennen dieses Bild zumeist als „Spencers Geist", was aber nur daher rührt, daß es 1993 dem Paraforscher John Spencer zugesandt wurde. Im Rahmen seiner Ermittlung zog Spencer auch ein Medium zu Rate und erfuhr, daß das strohgedeckte Gebäude (wohl eher eine Scheune als ein Wohnhaus) möglicherweise in einem Dorf in der Nähe von Mottram (Greater Manchester) stehen könnte. Spencer kommentierte: „Zwar wären eine Reihe von Methoden denkbar, um diesen ‚Geist' zu fälschen. Doch Anfragen bei verschiedenen Fotografen ergaben, daß die Erscheinung – worum immer es sich auch handeln mag – sich wirklich vor der Kamera befunden haben muß, als das Bild aufgenommen wurde. Das Rätsel bleibt ungelöst."

„Mißtrauen erregt vor allem die dramatische Drapierung der Erscheinung"

Mangels jeglicher Informationen zur Entstehung des Bildes wird sich seine Authentizität nie endgültig klären lassen. Mißtrauen erregt vor allem die dramatische Drapierung der Erscheinung. Denn die allermeisten Phänomene, die die Society for Psychical Research untersucht, sehen aus wie normale Menschen in alltäglicher Kleidung. Mit Hilfe moderner Computertechnologie läßt sich immer wieder nachweisen, wie sehr Fotografien lügen können. Manchmal jedoch beweist sie auch das Gegenteil. Eines Tages wird sich vielleicht herausstellen, daß der Anschein diesmal nicht trügt und es sich um eine echte paranormale Erscheinung handelt.

Aller unheilvollen Dinge sind drei

ORT: Virginia, USA
DATUM: 1950er Jahre

Versehentliche Dreifachbelichtungen sind äußerst selten. Natürlich läßt sich ein derartiges Mißgeschick nicht vollkommen ausschließen. Die Geschichte zu diesem Bild legt jedoch den Verdacht nahe, daß hier etwas anderes vorgefallen sein muß. Sam Watkins wollte eigentlich seinen Hund fotografieren. Statt dessen waren auf dem Polaroid-Bild drei gespenstische Abbildungen seines Bruders zu sehen. Wenige Tage später wurde ebendieser Bruder Opfer eines Autounfalls – daß er da genau dasselbe anhatte wie auf dem Bild, macht die Sache noch gruseliger.

„Wenige Tage später wurde der Junge Opfer eines Autounfalls“

Polaroid-Kameras waren dafür berüchtigt, daß man den Auslöser nur zweimal kurz hintereinander drücken mußte, um eine unbeabsichtigte Doppelbelichtung zu verursachen. Doch hier ist weder das erste noch das letzte Bild schärfer als die anderen beiden, wie es bei Mehrfachbelichtungen normalerweise der Fall ist. Und was ist mit dem Schatten des Jungen los? Bei den beiden Figuren auf der linken Bildseite scheint die Sonne ganz woanders zu stehen als bei der rechten. Man könnte glauben, eine Lücke im Zeitkontinuum könnte diese Besonderheiten verursacht haben; als Warnung vor einer bevorstehenden Tragödie. Oftmals ist eine Erklärung, die von anomalen Phänomenen ausgeht, die einleuchtendere. Solange niemand zu erklären vermag, wie sich ein solches Dreifachbild mit einer Polaroid-Kamera fälschen ließe, scheint die Annahme plausibler, daß es sich nur um ein paranormales Ereignis handeln kann.

Erlöse uns von dem Bösen

ORT: in der Kirche Christ the Consoler, Skelton-cum-Newby (Yorkshire), England
DATUM: Juli oder August 1954

Wenn ein angesehener Gemeindepfarrer behauptet, er habe dieses Bild in seiner eigenen Kirche gemacht, muß man wohl davon ausgehen, daß er fest davon überzeugt ist, die Wahrheit zu sagen. Pfarrer Kenneth F. Lord sagte, es sei an einem Sommerabend gegen sechs und die Kirche bis auf einen einzigen Freund leer gewesen. Die überlebensgroße Gestalt auf den Stufen zum Altar ist ganz gewiß nicht jener Freund! Lords Absicht war, den Altar zu fotografieren, und erst auf dem entwickelten Film fiel ihm das Schreckgespenst auf.

„Eines der bemerkenswertesten Beispiele einer Geistererscheinung, die jemals dokumentiert wurden“

Selbst wenn man eine versehentliche Doppelbelichtung für möglich hält, bleibt die Frage, wie ein Pfarrer überhaupt auf den Gedanken käme, jemanden zu fotografieren, der aussieht, als habe er sich für Halloween verkleidet – und das mehrere Monate zu früh! Noch unwahrscheinlicher ist es, daß er womöglich gar nicht bemerkt bzw. hinterher vergessen haben könnte, diese Aufnahme gemacht zu haben. Das Gesicht der Erscheinung sieht aus wie ein zur Maske umfunktioniertes Laken und keineswegs dunstig oder geisterhaft. Zudem ist die Gestalt womöglich gar nicht so groß, wie es auf den ersten Blick den Anschein hat. Vielmehr könnte sie auf der obersten Stufe stehen und ihr Gewand kunstvoll über die beiden unteren drapiert haben – sicherlich kein Benehmen, das man von einem substanzlosen Wesen erwarten würde. Darauf ließe sich einmal mehr mit der Frage entgegnen, wie ein Geist denn aussehen soll. Falls diese Fotografie so authentisch ist, wie Pfarrer Lord glaubt, zählt sie wahrhaftig zu den bemerkenswertesten Beispielen einer Geistererscheinung, die jemals dokumentiert wurden.

Das Rätsel um die Tulpentreppe

ORT: The Queen's House, Greenwich, London, England
DATUM: 19. Juni 1966

Weil die Tulpentreppe für Besucher gesperrt war, machten Pfarrer Hardy und seine Frau ein Bild, das sie sich später in Ruhe angucken konnten. Das kanadische Ehepaar interessierte sich besonders für die architektonischen Feinheiten des Queen's House im Londoner Stadtteil Greenwich. Königin Anne hatte 1616 Inigo Jones mit dem Bau beauftragt, der ganz den modernsten Zeitgeschmack treffen und sie über die Gleichgültigkeit ihres Gemahls, König Jakob I. von England und VI. von Schottland, hinwegtrösten sollte. Einzigartige Tulpenmotive zieren diese Treppe, die sich majestätisch zum nächsten Stockwerk emporschwingt, und die Hardys waren überglücklich, wenigstens eine Fotografie als Andenken zu haben. Sie konnten nicht ahnen, welche Berühmtheit ihr Bild im Laufe der Jahre erlangen sollte. Denn es zeigt eine Gestalt im grauen Gewand, vielleicht einen Mönch, die sich am Geländer festklammert und entschlossen scheint, sich die Treppe hinaufzuschleppen. Aber wohin?

„Eine Gestalt im grauen Gewand, die entschlossen scheint, sich die Treppe hinaufzuschleppen"

Die Fotografie wurde genauestens untersucht und die Hardys einer gründlichen Befragung unterzogen. Sie blieben dabei, niemanden auf der Treppe gesehen zu haben. Bei einer Wache des Ghost Club wurden zwar unerklärliche Geräusche und Eindrücke protokolliert, aber keine eindeutigen Hinweise, daß es auf der Treppe spukte. Dem Fotografen Brian Tremain vom National Maritime Museum gelang es, mit einer hohen Belichtungszeit und einem Museumsmitarbeiter als Statisten eine ähnliche Aufnahme nachzustellen. Das bedeutet aber keineswegs, daß die Hardys Betrüger waren; wenn ein Geistlicher und seine Frau sich zu einer so fundamentalen Glaubensfrage wie der Existenz von Geistern äußern, gibt es allen Grund, ihre Worte für bare Münze zu nehmen. Wer oder was will hier unbedingt einen Stock höher steigen, und warum hat es sich ausgerechnet den Hardys gezeigt? Dieses Rätsel wird wohl für immer ungelöst bleiben.

Bibliographie

Annals of Psychical Science, London 1913
Apraxine, Pierre/Canguilhem, Denis/Chéroux, Clement/Fischer, Andreas/Schmit, Sophie (Hrsg.): *The Perfect Medium: Photography and the Occult*, Yale University Press 2004
Baraduc, H.: *The Human Soul: Its Movements, Its Lights, and the Iconography of the Fluid Invisible*, London 1913
Barbanell, Maurice: *„Scientist Took 44 Photos of Spirit Form"*, *Noah's Ark* 3/50, September 1994, S. 9–12
The British Journal of Photography, 1982/1983
Carol, Robert Todd: *The Sceptic's Dictionary*, John Wiley & Sons, 2003
Dash, Mike: „Whatever happened to Spirit Photography?", *Fortean Times* 123, Juni 1999
Doyle, Sir Artur Conan Doyle: *The Coming of the Fairies*, Hodder & Stoughton 1922
Earwicker, Simon: „The Witness Camera", *ASSAP News* 77, Juli 2000, S. 4–5
Eisenbud, J.: *The World of Ted Serios: „Thoughtographic" Studies of an extraordinary Mind*, William Morrow Company 1967 (dt.: *Gedankenfotografie: die PSI-Aufnahmen des Ted Serios*, Aurum 1975)
Fielding, Everard: *Sittings with Eusapia Palladino & Other Studies*, New York University Books 1963
Fodor, Nandor: *Encyclopaedia of Psychic Science*, Arthurs Press Limited, London 1933
Gettings, Fred: *Ghosts in Photograph: The Extraordinary Story of Spirit Photograph*, Outlet 1978
Haining, Peter: *Ghosts: The Illustrated History*, Sidgwick & Jackson, London 1974
Houghton, Georgina: *Chronicles of the Photographs of Spiritual Beings and Phenomena Invisible to the Material Eye Interblended With Personal Narrative*, London 1982
Into the Unknown, Reader's Digest, 1982
Jones, Richard.: *Walking Haunted London*, New Holland Publishers, London 1999
Journal of the Society for Psychical Research 59/830, 1993
Krauss, Rolf H.: *Jenseits von Licht und Schatten*, München 1994
Lamar Keene, M./Spraggett, Allen: *The Psychic Mafia*, Dell Publishing 1976
Marriott, William: *Person's Magazine*, 1910
McEwan, Graham J.: *Haunted Churches of England*, Robert Hale, London 1989
Mumler, W. M.: *Personal Experiences of William H. Mumler in Spirit Photography*, Colby & Rich 1875
Pagan Dawn, The Pagan Federation, London
Parker, Derek/Parker Julia: *Atlas of the Supernatural*, Prentice Hall Press, New York 1990
Permutt, Cyril: *Beyond the Spectrum*, Patrick Stephens, Cambridge 1983
Picknett, Lynn: *The Encyclopaedia of the Paranormal*, Guild Publishing, London 1990
Princess, Mary: *Princess Mary's Gift Book*, Hodder & Stoughton, London 1917
„Proceedings of the Paranormal Association" 5/1968
Randi, James: *The Supernatural A–Z*, Headline Book Publishing, London 1995 (dt.: Lexikon der übersinnlichen Phänomene, München 2001)
Townsend, Maurice: „How to make Anomalous Photos", Anomaly 38/2005, S. 2–15
Underwood, Peter: *The Ghost Hunters Guide*, Javelin Books, London 1988
Ders.: *Ghosts and How to See Them*, BCA, London 1993
Ders.: *Nights in Haunted Houses*, Headline, London 1994
Willin, Melvyn J.: *Music, Witchcraft and the Paranormal*, Melrose, Ely 2005
Wilson, Ian: *In Search of Ghosts*, Headline Book Publishing Company, London 1995, S. 45–46
Winchester, Alf: „Why the Spheres Are Invisible – Spirit Photographs, Noah's Ark 4/57, April 1995

Register

[*Kursiv* gesetzte Seitenzahlen verweisen auf Abbildungen]

Danksagungen

Dieses Buch ist dem Gedenken an Maurice Grosse gewidmet, dessen lebenslange Sammlerleidenschaft die Auswahl neuer Fotografien von paranormalen Phänomenen beträchtlich erleichtert hat.

Danksagungen sind insofern eine undankbare Aufgabe, als sich mit an Sicherheit grenzender Wahrscheinlichkeit der eine oder andere ob seiner Nichtberücksichtigung – mitunter gar ob seiner Berücksichtigung – gekränkt fühlen wird. Zunächst möchte ich mich also bei allen Betroffenen entschuldigen! In diesem Zeitalter der politischen Korrektheit sei zudem hinzufügt, daß die Reihenfolge der hier Genannten keineswegs eine Hierarchie der Dankbarkeit implizieren soll. Mein Interesse an Geistern und verwandten Phänomenen wurde maßgeblich von dem mittlerweile verstorbenen John Mitchell in York und den zahlreichen Werken von Peter Underwood angeregt. Weitere Anleitung erhielt ich von meinem Freund und Mentor, dem leider ebenfalls verstorbenen Professor Bob Morris von der Abteilung für Parapsychologie an der Universität von Edinburgh. Bei der Suche nach Geisterfotografien wurde ich unterstützt von Freunden wie Steve Hulford, der einige der Bilder für mich auftrieb, und Karen Patel, die Ordnung in das Chaos der Materialien brachte und mich daran hinderte, mir meine wenigen verbliebenen Haare auszureißen! John Kirkpatrick habe ich für die wundervolle Musik zu danken, die mir als Inspiration diente, während ich bis tief in die Nacht an dem Manuskript arbeitete. In meiner Funktion als ehrenamtlicher Archivar hatte ich Zugriff auf viele Fotos aus der Sammlung der Society for Psychical Research, wofür ich dieser ehrwürdigen Organisation zu großem Dank verpflichtet bin. Dem Verlag schulde ich natürlich Dank für die Möglichkeit, dieses Projekt verwirklichen zu dürfen. Insbesondere gilt dies für Neil Baber und Louise Clark, die mich dabei stets unterstützten. Schließlich danke ich dem Leser für den Erwerb eines Exemplars und hoffentlich Tausender weiterer, die er an seine Mitmenschen verschenken möge. Herzlichen Dank!

Bildnachweise

Die in diesem Band abgedruckten Fotografien stammen aus vielen verschiedenen Quellen, und wo irgend möglich, sind diese angegeben. Sollte dennoch ein Bild ohne korrekten Nachweis oder Quellenangabe verwendet worden sein, bitten wir dieses Versehen unsererseits zu entschuldigen. Entsprechende Hinweise wird der Verlag in zukünftigen Auflagen gerne berücksichtigen.

Umschlag: © Historic Royal Palaces; David Shurville: 51 (o.), 62; Fortean Picture Library: 11 (u.), 17, 19, 20, 27, 29, 41, 71, 123, 125, 126, 128, 139; Chris Brackley/Fortean Picture Library: 101; David Binns/Fortean Picture Library: 45; Derek Stafford/Fortean Picture Library: 75; Dr. Elmar R. Gruber/Fortean Picture Library: 59; Greg Maxwell/Fortean Picture Library: 120; Karoly Ligeti/Fortean Picture Library, KF Lord/Fortean Picture Library, Paul Vanderhook/Fortean Picture Library: 53; Tony O'Rahilly/Fortean Picture Library: 135; Ghost Research Society: 77; Jude Huff-Felz/Ghost Research Society: 131; © Historic Royal Palaces: 143; mit frdl. Genehmigung der Leicester County Museums: 127 (r.), 136; Manfred Kage/Science Photo Library: 36 (l.); Mary Evans Picture Library: 35; Mary Evans Picture Library/Harry Price Library of Magical Literature: 117; Mary Evans Picture Library/Peter Underwood: 127 (M.), 153; mit frdl. Genehmigung von Norah Green: 127 (l.), 141; Photography Collections, University of Maryland, Baltimore County: 39; The Society for Psychical Research: 2 (4), 10, 11 (o.), 13, 15, 30, 31 (3), 33, 36 (u.), 42, 47, 48, 51 (u.), 54, 64, 67, 72, 73 (3), 78, 81, 83, 84, 87, 91, 92, 95, 98, 103, 105, 108, 111, 113, 115, 119, 147; © 2003 Topham Picurepoint: 23; Wm. Becker Collection/American Museum of Photography: 10, 24.